Was gilt in der Kirche?

Forum Theologische Literaturzeitung

ThLZ.F 27 (2013)

Herausgegeben von Ingolf U. Dalferth
in Verbindung mit Albrecht Beutel, Beate Ego, Andreas
Feldtkeller, Christian Grethlein, Friedhelm Hartenstein,
Christoph Markschies, Karl-Wilhelm Niebuhr, Friederike
Nüssel und Martin Petzoldt

Christian Grethlein

Was gilt in der Kirche?

Perikopenrevision als Beitrag
zur Kirchenreform

EVANGELISCHE VERLAGSANSTALT
Leipzig

Christian Grethlein, Dr. theol., Jahrgang 1954, ist seit 1997 Professor für Praktische Theologie an der Evangelisch-Theologischen Fakultät in Münster. Er wurde 1980 zum evangelisch-lutherischen Pfarrer ordiniert. 1991 begründete er die »Arbeiten zur Praktischen Theologie«; seit 1992 gehört er zum Herausgeberkollegium der Theologischen Literaturzeitung (ThLZ), seit 1997 zu dem der Zeitschrift für Theologie und Kirche (ZThK). Er war von 1999 bis 2007 Fachberater bei der vierten Auflage der RGG; von 2002 bis 2007 Mitherausgeber der Theologischen Realenzyklopädie (TRE). Von 1999 bis 2004 leitete er die (Lutherische) Liturgische Konferenz, von 2006 bis 2009 den Evangelisch-Theologischen Fakultätentag, von 2010 bis 2012 erhielt er den Opus-magnum-Grant der VolkswagenStiftung.

Bibliographische Information der Deutschen Nationalbibliothek

Die Deutsche Nationalbibliothek verzeichnet diese Publikation in der Deutschen Nationalbibliografie; detaillierte bibliografische Daten sind im Internet über ‹http://dnb.dnb.de› abrufbar.

© 2013 by Evangelische Verlagsanstalt GmbH, Leipzig
Printed in Germany · H 7613

Umschlag und Entwurf Innenlayout: Kai-Michael Gustmann, Leipzig
Coverfoto: © Kai-Michael Gustmann
Satz: Evangelische Verlagsanstalt GmbH
Druck und Binden: Hubert & Co., Göttingen

ISBN 978-3-374-03145-0
www.eva-leipzig.de

Vorwort

Das Thema »Kirche« wird gegenwärtig auf vielfältige Weise im Bereich der Evangelischen Theologie diskutiert: Betriebswirtschaftlich geprägte Programme wie im sog. Impulspapier »Kirche der Freiheit« stehen neben Warnungen vor »Reformstress« (Isolde Karle).

Reformatorischer Auffassung zufolge können grundsätzliche Fragen nach dem Weg der Kirche nur unter Bezug auf das Evangelium und damit auf die Bibel theologisch angemessen diskutiert und geklärt werden. Von daher kommt der – erneut – beginnenden Revisionsarbeit an den Perikopenordnungen eine über den liturgischen Binnenraum hinausreichende Bedeutung zu. Denn in den gottesdienstlichen Schriftlesungen vergewissern sich die Evangelische Kirche und die ihr Zugehörenden und Verbundenen ihres Grundes und erhoffen sich Orientierung und Perspektiven.

Angesichts dessen ist die Arbeit an den Perikopen, sowohl hinsichtlich ihrer Auswahl als auch hinsichtlich ihrer Gestaltung, nicht nur im kleinen Kreis liturgischer Experten, sondern auf dem theologischen »Forum« zu diskutieren. Es geht bei dieser Arbeit um nicht weniger als um einen theologisch begründeten Zugang zur Kirchenreform. Wichtige Anregungen geben dabei Entwicklungen auf dem Gebiet der öffentlichen Schule und der Didaktik. Ein Austausch zwischen den beiden praktisch-theologischen Disziplinen Liturgik und Religionspädagogik erweist sich – auch hier – als sehr fruchtbar.

Danken möchte ich an dieser Stelle Frau Dr. Stefanie Pfister und Frau Claudia Rüdiger, B. A., die freundlicherweise das ganze Manuskript einer gründlichen Korrektur unterzogen haben.

Ich widme diese Überlegungen meinen beiden verehrten Fakultätskollegen Michael Beintker und Albrecht Beutel. Seit etlichen Jahren arbeiten wir auf unterschiedlichen Feldern zusammen. Für ihre freundschaftliche und treue Begleitung meiner Arbeit bin ich ihnen sehr dankbar.

September 2012   Christian Grethlein

Inhalt

Einführung

Spätestens seit der im Frühjahr 2010 in Wuppertal abgehaltenen Konsultation der drei gliedkirchlichen Zusammenschlüsse Evangelische Kirche in Deutschland (EKD), Union Evangelischer Kirchen in der EKD (UEK) und Vereinigte Evangelisch-Lutherische Kirche (VELKD) ist klar: Das Thema Perikopenrevision ist oben auf der Tagesordnung der Kirchenleitungen, aber auch der liturgiewissenschaftlich Interessierten angekommen. Voraus ging ein unglücklich verlaufener Vorstoß der Lutherischen Liturgischen Konferenz (LLK) (1995–1997). Angesichts der damals gerade abgeschlossenen Arbeiten an Agende und Gesangbuch unterblieb sogar eine Diskussion des Konferenzpapiers. Doch jetzt scheint die Zeit günstig. Die Perikopenrevision geht nämlich der notwendig erscheinenden Überarbeitung von Agende und Gesangbuch voraus. Die nicht nur drucktechnisch, sondern wohl auch theologisch gebotene Ordnung kann eingehalten werden.

Dabei vertritt die Liturgie-Referentin der VELKD, Christine Jahn, in ihrem Vorwort zum Tagungsband der Konsultation die »Überzeugung, dass die Ordnung der gottesdienstlichen Lesungen und Predigttexte zu den Grundordnungen unserer Kirche gehört, identitätsstiftend, von großer Prägekraft nicht nur für den Gottesdienst selbst, sondern für das gesamte geistliche und kirchliche Leben«.[1] In etwas anderer

---

1 Christine Jahn, Einführung, in: Kirchenamt der EKD/Amt der UEK/Amt der VELKD (Hrsg.), Auf dem Weg zur Perikopenrevision. Dokumentation einer wissenschaftlichen Fachtagung, Hannover 2010, 11–14, 12.

Weise formulierte Peter Bloth als einen Ertrag seiner wissenschaftlichen Beschäftigung mit der Perikopen-Thematik: »Mit seinem usus scripturae als Lesung und als Grundlage der Predigt zeigt der Gottesdienst öffentlich, wie es in der Christenheit um die Bibel bestellt ist.«[2] Kurz: Bei den Perikopen geht es um das, was in der (evangelischen) Kirche gilt.

Dementsprechend werden Perikopenordnungen mit erheblichem Aufwand erstellt. Liturgiker vergleichen die vorliegenden Listen in Tabellenform und entwickeln sie weiter. Dabei finden verschiedene Kriterien Beachtung und zeichnen sich theologische Profile ab. Seit Längerem vollzieht sich diese Arbeit auf dem ökumenischen Forum, und zwar sowohl in konfessioneller als auch in internationaler Hinsicht. Dass mit der Komplexität und Differenziertheit sowie dem historischen Vorlauf eines solchen Prozesses die Gefahr zur Selbstreferentialität gegeben ist, liegt auf der Hand.

Dagegen steht die Tatsache – das Scheitern des Reformversuches 1995/1997 zeigt dies –, dass mit den Perikopen vielfältige andere Gegenstände und Bereiche verbunden sind: die Agende, das Gesangbuch und die Kirchenmusik – und weiter: die Ökumene, das Verhältnis zum Judentum und das Kirchenjahr. Nach Einschätzung der zitierten Liturgie-Referentin reicht der Bogen in den Bereich der Dogmatik und der Exegese. Und spätestens seit dem Zweiten Vaticanum ist die Herausforderung der Inkulturation bei der Erstellung von Perikopen liturgisches Allgemeingut.[3]

---

2   Peter Bloth, Die Perikopen, in: Hans-Christoph Schmidt-Lauber/Michael Meyer-Blanck/Karl-Heinrich Bieritz (Hrsg.), Handbuch der Liturgik, Göttingen ³2003, 720–730, 729.

3   S. Hans Bauernfeind, Inkulturation der Liturgie in unsere Gesellschaft. Eine Kriteriensuche – aufgezeigt an den Zeitzeichen Kirche heute, Esoterik/New Age und modernes Menschsein (STPS 34), Würzburg 1998, 15–62.

Dementsprechend traten auf der Konsultation Experten zu diesen Themen und aus den genannten Bereichen auf. Zwar kam dabei vereinzelt die tatsächliche liturgische Situation in den Blick – unregelmäßiger Kirchgang, geringe Ausstrahlung der Lesungen, Veränderungen im Zeitgefüge. Doch insgesamt überwog der Bezug auf bisherige Revisionen der Perikopenordnung. Auch andere Orte des Umgangs mit der Bibel, etwa die Schulen, Medien oder Familien, blieben ausgeblendet.

Hier zeigt sich u. a. die problematische, hinter den biblischen Einsichten zurückbleibende Reduktion des Kirchenverständnisses auf die organisierte Form von Kirche.[4] Und so verwundert es nicht, dass die abschließenden Voten zum Gesamtprozess der Konsultation eine behutsame Revision der bestehenden Perikopenordnung empfahlen, also ein immanentes Fortschreiben des am Ende des 19. Jahrhunderts Erreichten. Herwarth von Schade und Frieder Schulz hatten dies bereits vor einem Vierteljahrhundert – vielleicht mit hintergründigem Humor – als Bleiben »beim karolingisch-lutherischen Eisenacher Alten« bezeichnet.[5]

Allerdings legen die allgemein angenommenen Kriterien für die biblischen Perikopen, nämlich deren Lektionabilität und Prädikabilität, einen genaueren Blick auf die den Gottesdienst Feiernden nahe.

Angesichts der vielfältigen Veränderungen in Kirche, Politik, Kultur, Gesellschaft und Theologie ist der reduzierte,

---

4   S. Christian Grethlein, Kirche als praktisch-theologischer Begriff. Überlegungen zu einer Neuformatierung der Kirchentheorie, in: PTh 101 (2012), 136–151.

5   Herwarth von Schade/Frieder Schulz im Auftrag der Lutherischen Liturgischen Konferenz (Hrsg.), Perikopen. Gestalt und Wandel des gottesdienstlichen Bibelgebrauchs (reihe gottesdienst 11), Hamburg 1978, 50.

gleichsam perikopenordnungsimmanente Zugang zum Thema Perikopenrevision erstaunlich, wie er sich in den meisten Beiträgen sowie in der Auswahl der Referenten und Referentinnen bei der Konsultation 2010 zeigt. Denn die von der Lutherischen Liturgischen Konferenz Deutschlands herausgebrachte »Ordnung der Predigttexte«, in deren Tradition die heutige Perikopenordnung steht, erschien 1958! Seitdem hat sich der Kontext erheblich verändert, innerhalb dessen gottesdienstliche Lesungen stattfinden. Beschäftigt man sich – unter Rückgriff auf erfahrungswissenschaftliche Expertise (die bei der Konsultation offenkundig nicht eingeholt wurde) – mit den vielfältigen Wandlungsprozessen der letzten Jahrzehnte (3. Kapitel), dann treten grundsätzliche Fragen in den Vordergrund wie beispielsweise: Ist das Modell der Perikopenordnung noch zeitgemäß? Welche Bedeutung kommt den gottesdienstlichen Lesungen überhaupt zu?

Diese Fragen haben jeweils sowohl eine empirische als auch eine normative Dimension.

So will ich im Folgenden keinen – weiteren – Beitrag zu einigen der vielen hundert, gegenwärtig im Perikopenbuch versammelten Lesungen leisten, etwa hinsichtlich des Zuschnitts der Perikopen, ihrer inhaltlichen Repräsentanz für die Bibel u. Ä. Vielmehr soll der grundsätzlichen Frage nachgedacht werden: *In welchem Kontext wird in heutigen Gottesdiensten aus der Bibel gelesen? Und: Was folgt daraus für die Ordnung und Gestaltung biblischer Lesungen?*

In diese grundsätzliche Fragestellung führt das erste Kapitel ein. In ihm werden die in der Diskussion – weithin – selbstverständlich verwendeten Begriffe »Bibel« und »Schrift« etwas genauer betrachtet. Sie sind keineswegs so homogen und theologisch geklärt, wie dies verbreitete Argumentationen mit »der Bibel« bzw. »der Schrift« voraussetzen.

Im zweiten, historische Befunde aufnehmenden Kapitel skizziere ich knapp die bisherige Entwicklung der Perikopenordnung, und zwar bezogen auf die heutige Situation in Deutschland. Wie meist bei einer Retrospektive in die Christentumsgeschichte begegnet hier eine überwältigende Pluriformität, die den Blick für Alternativen zum Status quo öffnet. Es folgt eine empirische Daten und Analysen aufnehmende Skizze der kirchlichen, politisch-rechtlichen, kulturellen, gesellschaftlichen und theologischen Veränderungen in den letzten Jahrzehnten.

Sachlich ergeben sich aus dem christentumsgeschichtlichen und empirischen Zugang im zweiten und dritten Kapitel Herausforderungen. Sie betreffen das Verständnis von Gottesdienst, Gemeinde, Bibel und Kirchenjahr. Aus ihrer Bearbeitung resultiert ein neuer Blick auf die Funktion und die Gestaltung gottesdienstlicher Lesungen. Dabei eröffnet die im zweiten Kapitel aufgewiesene christentumsgeschichtliche Pluriformität ein weites Feld möglicher Optionen.

Das vierte Kapitel behandelt vor diesem Hintergrund die theologisch (und damit liturgisch) grundsätzliche Frage nach der Bibel im Gottesdienst. Der praktisch-theologische Programmbegriff »Kommunikation des Evangeliums« führt hier weiter. Denn er verhindert einen hermeneutisch naiven Biblizismus und öffnet zugleich den Blick auf die die christliche Kirche tragende Perspektive, welche aber wiederum nur in kommunikativen Prozessen zugänglich ist.

Im fünften Kapitel werden diese allgemeineren Überlegungen anhand dreier zentraler Fragen auf die konkrete liturgische Lesepraxis hin konkretisiert, zu denen eine weitere aus aktuellem Anlass tritt.

Den Abschluss bilden konkrete Vorschläge, wie die hier entwickelten Überlegungen handlungsorientierend für die

Aufgabe der Perikopen-Findung und -Gestaltung fruchtbar gemacht werden können. Da die mit dem gegenwärtigen Revisionskonzept gegebenen, bis zum Ende des 19. Jahrhunderts (Eisenach!) zurückreichenden Entscheidungen nicht mehr hinreichend mit den lebensweltlichen Veränderungen vermittelt werden können, plädiere ich für ein Moratorium der begonnenen Arbeit an der Perikopenrevision. Stattdessen sollten die empirischen Grundlagen des Verstehens biblischer Texte im Gottesdienst erforscht werden. Weiter rege ich eine Erprobung alternativer Modelle der Auswahl und Gestaltung der Lesungen auf Kirchenkreis- bzw. Dekanatsebene an. Dabei ist mein Ziel, die biblischen Lesungen aus ihrem gegenwärtigen Dornröschenschlaf im liturgischen Ritual zu befreien und ihr orientierendes Potenzial für das Leben heutiger Menschen allgemein zugänglich zu machen.

I. Vorbemerkungen zu »Bibel« bzw. »Schrift«

Einige Beiträge zur aktuellen Diskussion um die Perikopenrevision zeigen, dass die Thematik erhebliche theologische Brisanz enthält. So weist Alexander Deeg auf die »Fremdheit« der Bibel hin, der der heutige Drang nach Verständlichkeit in problematischer Weise entgegenstehe.[6] Und Corinna Dahlgrün erinnert in einem zeitgeistkritischen Beitrag an die – scheinbar selbstverständliche – »Verantwortung« der Kirche, »ihren Gemeinden das Ganze der Schrift zu Gehör zu bringen«.[7]

Dabei erscheint »die Bibel« bzw. »die Schrift« als etwas zeitlos Feststehendes, durch deren Lesung jenseits von »unsere(r) Situation, unsere(n) Fragen und Themen« »Gott selbst« begegnet.[8] Eine empirische und historische Klärung der Begriffe »Bibel« und »Schrift« erweist solche Aussagen als problematisch.

---

6   Alexander Deeg, Gehört wird – Homiletische und liturgische Gesichtspunkte für eine Reform der Lese- und Predigtperikopen, in: Kirchenamt der EKD/Amt der UEK/Amt der VELKD (Hrsg.), Auf dem Weg zur Perikopenrevision. Dokumentation einer wissenschaftlichen Fachtagung, Hannover 2010, 77–94, 80 f.

7   Corinna Dahlgrün, Dem Zeitgeist widerstehen. Perikopenordnungen und das Ganze der biblischen Botschaft, in: Arbeitsstelle Gottesdienst 18/2 (2004), 64–69, 66.

8   S. Irene Mildenberger, Leitbild, roter Faden, Thema – Wie viel Konsonanz, wie viel Spannung wollen wir?, in: Kirchenamt der EKD/Amt der UEK/Amt der VELKD (Hrsg.), Auf dem Weg zur Perikopenrevision. Dokumentation einer wissenschaftlichen Fachtagung, Hannover 2010, 209–224, 224.

1. Ein »empirischer« Test der Bibel

Gleichsam einen empirischen Test auf »die Bibel« vollzog der aus einer jüdischen Familie stammende, sich selbst als Agnostiker verstehende US-amerikanische Journalist A. C. Jacobs. Nachdem er zuvor im Selbstversuch die 32 Bände der *Encyclopaedia Britannica* (Ausgabe 2002) mit ihren 33.000 Seiten gelesen hatte,[9] bemühte er sich von September 2005 bis August 2006 darum, genau den Geboten des Alten Testaments[10] zu genügen. Rabbiner, Pfarrer und Priester unterschiedlicher Konfessionen und Provenienz berieten ihn während dieses Jahres.[11] Zu diesem Experiment fühlte sich Jacobs nicht zuletzt durch Luthers These von der »sola scriptura«[12] animiert.

Bei der im Einzelnen recht unterhaltsamen Schilderung seiner Erfahrungen eines »year of living biblically« begegnen nicht nur Kuriositäten im Umgang mit zeremoniellen Bestimmungen. Vielmehr stößt Jacobs immer wieder zu grundlegenden Einsichten vor. So stellt sich ihm die Frage: »How can the Bible be so wise in some places and so barbaric in others?«[13] Bei seiner sich entwickelnden Gebetspraxis ergibt sich folgende Spannung:

> »I still can't wrap my brain around the notion that God would change His mind because we ask Him to. And yet I still love these prayers. To me they're moral weight training. ... I do feel myself becoming a slightly more compassionate person.«[14]

---

9   A. C. Jacobs, The Know-It-All. One Man's Humble Quest to Become the Smartest Person in the World, London 2004.

10 Vgl. A. C. Jacobs, The Year of Living Biblically. One Man's Humble Quest to Follow the Bible as Literally as Possible, London 2007, 10 f.

11 S. a. a. O., 11.

12 S. a. a. O., 70.

13 S. a. a. O., 93.

14 A. a. O., 128.

Interessant sind Jacobs' Schlussfolgerungen nach dem Jahr strenger Bibelobservanz:

> »I now believe that whether or not there's a God, there is such a thing as sacredness. Life is sacred. The Sabbath can be a sacred day. Prayer can be a sacred ritual. There is something transcendent, beyond the everyday. It's possible that humans created this sacredness ourselves, but that doesn't take away from its power or importance. I come away from this year with my own cafeteria religion. I'll be doing things differently than I did thirteen months ago, things both big (resting on the Sabbath) and small (wearing more white clothes). And I'll keep on saying prayers of thanksgiving. I'm not sure whom I'm thanking, but I've become addicted to the act of thanking«.[15]

Dieser Selbstversuch ist für die Frage der biblischen Lesungen im Gottesdienst in zweifacher Hinsicht aufschlussreich:

Er dokumentiert in einer Optionsgesellschaft den Zugang eines von Traditionen kaum geprägten, aber deren Ansprüche noch wahrnehmenden Menschen zur Bibel. Wie sonst auch bei Angeboten wird die Bibel einem Test unterzogen, nach dem Motto: »Does it work?« Dabei erweisen sich bestimmte Vorstellungen und Behauptungen als nicht einsichtig und/bzw. nicht praktizierbar. Nachdem sich Jacobs bereitwillig Vorschriften zur Körperpflege und Kleidung unterworfen hatte, verweigert er erstmals bei Geboten zur Erziehung seines Sohns den Gehorsam. Die verschiedentlich gebotene Züchtigung seines Sohnes mit der Rute (Spr 22,15; 23,13 f.) unterlässt er. Dies sollte nicht als selbstverständlich abgetan werden. Denn Jacobs weist darauf hin, dass bis 2005 in den USA durch ein Mitglied der Southern-Baptists wirklich Ruten verkauft wurden, um diesen Geboten zu entsprechen.[16] Dieses Produkt wurde bei der bibelgläubigen Kundschaft mit

---

15 A. a. O., 329.

16 A. a. O., 39–41.

den Worten beworben: »Spoons are for cooking, belts are for holding up pants, hands are for loving, and rods are for chastening.«[17]

Dass es weitere für viele Zeitgenossen problematische biblische Texte und Gebote gibt, etwa zum sexuellen Verhalten, zum Verhältnis der Geschlechter, aber auch zu Krieg und Frieden, sei nur angemerkt. Und auch für sie gilt, dass es Menschen gibt, die sie wörtlich befolgen und damit viel Leid verursachen.

Umgekehrt entdeckt Jacobs, ohne seinen Agnostizismus grundsätzlich abzulegen, die Dynamik und Bedeutung des Gebets.[18] Die theologisch meist abwertend verwendete Bezeichnung einer »Cafeteria Religion« wird ihm dabei zum – positiv konnotierten[19] – Begriff für seine eigene Einstellung. Er nimmt die biblischen Gebote auf, wenn sie sein Leben bereichern – etwa durch die Haltung der Dankbarkeit. Zugleich stößt er vielfach auf ihm unsinnig oder widersprüchlich erscheinende Anordnungen.

Ich vermute, dass in dem Bestseller von Jacobs eine bei vielen Menschen heute auch in Deutschland anzutreffende Grundhaltung gegenüber der Bibel in ausdrücklicher und zugespitzter Weise begegnet. Sie ist vielleicht am besten mit skeptischer Neugier zu umschreiben.

Insgesamt erweist sich in Jacobs' Selbstversuch die vollmundige Rede von der »Schrift« oder der »Bibel« als nicht tragfähig. Dagegen beeindrucken ihn konkrete Inhalte, die innerhalb biblischer Texte begegnen und die sein Leben in einer modernen Optionsgesellschaft orientieren. Besonders das

---

17 A. a. O., 40.
18 S. z. B. a. a. O., 94.124.127 f.322 f.329.
19 S. a. a. O., 328.

Dankgebet und die Sabbatruhe verleihen dem Leben des Jour-
nalisten neue Qualität.

2. »Bibel« als »Hybrid«

Nähert sich Jacobs in der Tradition des angelsächsischen
Pragmatismus direkt den einzelnen biblischen Texten, so
macht der in Wien lehrende Systematische Theologe Ulrich
Körtner in historisch belehrter hermeneutischer Perspektive
auf wichtige Einsichten zu deren kanonischem Anspruch
aufmerksam. Auch er setzt bei empirischen, normative Ansprüche relativierenden Befunden ein: »In der Praxis hat das
reformatorische Schriftprinzip weder in der Geschichte noch
in der Gegenwart dazu geführt, daß tatsächlich die ganze
Schrift im Gottesdienst zu Gehör gebracht und ausgelegt
wird.«[20] Dazu konstatiert er: »Tägliche Bibellektüre, gar zu
mehreren Tageszeiten« kann »bei der Mehrzahl der Gottes-
dienstbesucher ebenso wenig vorausgesetzt werden wie der
regelmäßige Kirchgang«.[21]

Systematische Fragen wirft seine historisch argumentie-
rende *Relativierung des scheinbar eindeutigen Begriffs* »Bibel« und des damit vorausgesetzten Kanon-Verständnisses
hinsichtlich deren tatsächlichen Textumfangs auf: Schon die
philologisch falsche, aber bis heute wirkungsvolle Umdeu-
tung des griechischen Plural-Substantivs *biblia* (Bücher) in

---

20 Ulrich Körtner, Gegeben und bezeugt – Systematisch-theologische und
rezeptionsästhetische Gesichtspunkte für eine Reform der Lese- und Predigtperikopen, in: Kirchenamt der EKD/Amt der UEK/Amt der VELKD
(Hrsg.), Auf dem Weg zur Perikopenrevision. Dokumentation einer wissenschaftlichen Fachtagung, Hannover 2010, 15-43, 17.

21 A. a. O., 18.

den lateinischen Singular-Eigennamen *biblia* (Buch), dem
dann das deutsche »Bibel« folgt, weist auf eine tiefgreifende,
den Pluralismus der biblischen Bücher nivellierende Transformation hin.[22]

Dazu differieren bis heute sowohl der konkrete Umfang
der »Bibel« als auch die Anordnung der jeweiligen Bücher zwischen den verschiedenen Konfessionen. Die deutsche protestantische Bibel-Version charakterisiert Körtner pointiert »als
Kanon mit antikatholischer Stoßrichtung, den man kanonge-
schichtlich als Hybrid bezeichnen muß«[23].

Tatsächlich zogen nämlich die Reformatoren die hebräische Fassung des Alten Testaments der für die ersten Chris-
tengemeinden grundlegenden (griechischen) Septuaginta vor.
Dies führte u. a. dazu, dass für »die Ausbildung des Christus-
bekenntnisses – von 1Kor 8,6 bis Joh 1,1–18 und Hebr 1,1–3 –
sogar konstitutiv(e) (s. vor allem Weish 7,21–30; 8,36; Sir 24,3–
10)«[24] Texte in der deutschen evangelischen »Bibel« fehlen. Sie
finden sich lediglich im mit »Apokryphen« überschriebenen,
als deuterokanonisch geltenden Anhang. Kritisch ist hierbei
zu beachten: Die Luther bei dieser Entscheidung leitende
These von der *hebraica veritas*[25] verdankte sich sowohl anti-
jüdischer Polemik als auch einer antikatholischen Spitze.[26]

---

22 S. a. a. O., 29.

23 A. a. O., 29.

24 Hans-Joachim Eckstein, Geschrieben steht – Biblisch-theologische und
exegetische Gesichtspunkte für eine Reform der Lese- und Predigtperikopen, in: Kirchenamt der EKD/Amt der UEK/Amt der VELKD (Hrsg.), Auf
dem Weg zur Perikopenrevision. Dokumentation einer wissenschaftlichen Fachtagung, Hannover 2010, 45–76, 73 f.; s. auch Körtner a. a. O., 33.

25 S. James A. Loader, Die Problematik des Begriffes hebraica veritas, in: HTS
64 (2008), 227–251.

26 S. Körtner a. a. O., 30 (auch zum Folgenden).

Doch selbst dies ist nicht einheitlich durchgehalten. Denn die
Reihung der alttestamentlichen Bücher folgt in der evangelischen Bibel-Fassung der Septuaginta und nicht dem Tanach.

Im Neuen Testament kam es ebenfalls im Zuge der reformatorischen Theologie zu Veränderungen, jetzt bei der Abfolge der Schriften. So ordnete Luthers Bibelübersetzung den
Hebräer- und den Jakobusbrief zwischen die Johannesbriefe
und den Judasbrief ein. Körtner schließt daraus:

> »Die Schrift, auf welche sich die reformatorischen Kirchen berufen, ist
> streng genommen nicht der Ausgangspunkt, sondern das Produkt der
> Reformation, nämlich ein aus hebräischem Umfang und griechischer
> Struktur gemischter, jedoch in einer dritten Sprache ... dargebotener
> Kanon. Bei der reformierten und der lutherischen Bibel handelt es sich
> nicht um die Übersetzung eines feststehenden Urtextes, sondern um
> die protestantische Version eines christlichen Kanons, die überhaupt
> nur in Form von Übersetzungen existiert. Es ist also die Übersetzung
> das Original – ähnlich wie im Fall der verfaßten Septuaginta.«[27]

Die dogmatische These vom *extra nos* lässt sich demnach
nicht direkt an der Bibel festmachen. Denn in deren heutiger
Gestalt sind antike Texte und reformatorische Theologie zir-
kulär miteinander verknüpft, ganz abgesehen von den mit
jeder Sprache und Übersetzung verbundenen Kontextualisierungen. Zugleich resultieren die theologischen Einsichten,
die die Konstruktion dieser (reformatorischen) Bibel leiteten,
aus der Lektüre der Bibelbücher sowie aus den daraus folgenden theologischen Auslegungsprozessen. Die »Bibel« führt
demnach historisch-hermeneutisch gesehen nicht auf einen
festen Grund, sondern in ein *komplexes Interpretationsge-
füge vielfältiger Kommunikationen.*

Dieser Einsicht kommt heute in religionskomparativer
Hinsicht besondere Bedeutung zu. Denn im Islam nimmt

---

27 A. a. O., 31.

traditionell die große Mehrheit der Korangelehrten eine un-
lösliche Verbindung zwischen dem Koran und der altarabi-
schen Sprache an. Das schließt die Anerkennung einer Übersetzung aus. Eine solche gilt lediglich als eine Interpretation.
Verbunden mit neueren Kohärenzanforderungen führt dieses strikte Verständnis der Inspiration zur Ausblendung der
Tatsache sich unterscheidender Handschriften des Korans.[28]
Eine Konsequenz daraus ist die Reduktion von Ambiguität in
der Islamgeschichte der beiden letzten Jahrhunderte. Auf jeden Fall unterscheidet sich die Identifizierung von Allahs
Wort mit dem Koran von der eben skizzierten Einsicht in den
Charakter der Bibel als eines sich vielfachen Interpretations-
prozessen verdankenden Korpus von Texten, die sich in Form
und Inhalt unterscheiden. Die sich daraus ergebende Einsicht
in die Differenz zwischen Gott und der Bibel ist auch liturgisch zum Ausdruck zu bringen.

3. Ausserbiblische Lesungen

In der gegenwärtigen Diskussion um die Perikopenrevision
wird durchgängig, soweit ich sehe, gottesdienstliche mit biblischer Lesung gleichgesetzt. Dies ist, zumindest wenn es als
selbstverständlich gilt, historisch, systematisch und empirisch problematisch.

Bereits im 3. Jahrhundert begegnen in der Messe *Lesungen
aus den kirchlichen Märtyrerakten und Heiligenviten.* Interessant ist in diesem Zusammenhang die Argumentation
Augustins, der die Rechtmäßigkeit solchen Brauchs damit

---

28   S. zum Gesamtproblem Thomas Bauer, Die Kultur der Ambiguität. Eine
      andere Geschichte des Islams, Berlin 2011, 109–114.

begründete, dass dies das Weiterwirken Christi in der Geschichte bezeuge.[29] Er selbst stieß u. a. durch die Lektüre der Vita Antoni auf den christlichen Glauben, wenngleich erst die Lektüre des (kanonischen) Paulus zu seiner Bekehrung führte. Allerdings ersetzten solche Lesungen keine biblischen Lektionen, sondern traten zu diesen hinzu. Die in Mailand gepflegte ambrosianische Liturgie kennt solche Lesungen bis heute. Neue Aktualität gewinnt dieser Brauch in Indien, wo diskutiert wurde, »ob es analog zum AT Offenbarungswahrheiten in nichtchristlichen heiligen Schriften gibt«[30].

Auch auf evangelischer Seite erfolgte in dieser Richtung ein Vorstoß. So sah Rudolf Otto in seiner liturgischen Leseordnung zu Epiphanias eine nichtbiblische Lesung aus der Rigveda (Buch X, 121) vor. »Sie sollte die ›Stimme der Weisen aus dem Morgenland‹ repräsentieren.«[31]

In der römisch-katholischen Kirche kommen Beispiele nichtbiblischer Lesungen im Stundengebet hinzu. Hier finden sich spätestens seit Benedikt von Nursia Lesungen aus dem Leben der Heiligen und aus den Schriften der Väter. Diese Tradition besteht bis heute fort. Inzwischen sind auch in Bußgottesdiensten Lesungen von Texten der Kirchenväter oder anderer kirchlicher Schriftsteller erlaubt.[32] Ähnliches begegnet in den reformatorischen Kirchen, wo – etwa in den pädagogisch ausgerichteten Frühgottesdiensten – aus Luthers

---

29 S. auch zum Folgenden Balthasar Fischer, Formen der Verkündigung, in: GdK 3 (1987), 77–96, 87 f.

30 A. a. O., 88; s. hierzu Paul Puthangaday, Die Inkulturation der Liturgie in Indien seit dem Zweiten Vaticanum, in: Conc(D) 19 (1983), 146–151.

31 Katharina Wiefel-Jenner, Rudolf Ottos Liturgik (VLH 31), Göttingen 1997, 156.

32 S. Balthasar Fischer, Formen der Verkündigung, in: GdK 3 (1987), 77–96, 88.

Kleinem Katechismus bzw. dem Heidelberger Katechismus vorgelesen wurde.[33]

Heute finden Koran-Lesungen Eingang in gemeinsame liturgische Feiern von Christen und Muslimen, etwa anlässlich einer Einschulung, einer interreligiösen Begegnung oder im Zusammenhang mit kasuellen Anlässen. Schon im Modell der liturgischen Gastfreundschaft ist eine solche Lesung möglich, bei sog. multireligiösen Feiern dürfte sie mittlerweile zum Normalfall gehören.[34] Hier ist die eben skizzierte Differenz in der theologischen Einschätzung von Koran und Bibel in den Lesungen zu inszenieren, soll es nicht zu einer problematischen Gleichsetzung beider Schriften kommen.

Theologisch verdienen Aussagen von Christen Aufmerksamkeit, die durch die Lektüre nichtbiblischer Heiliger Schriften eine Bereicherung ihres Glaubens erfuhren.[35] So führt der am Union Seminary in New York lehrende katholische Dogmatiker Paul Knitter eindrücklich vor, wie ihm buddhistische Texte und Einsichten beim Verstehen christlicher Dogmen helfen.[36]

---

33 S. Gerhard Kunze, Die Lesungen, in: Leiturgia Bd. 2, Kassel 1955, 87–180, 91.

34 S. z. B. Jochen Arnold/Fritz Baltruweit/Christine Tergau-Harms, Goldene Steine und Engelträume. Ein Gottesdienstentwurf zur Einschulung unter Berücksichtigung multireligiöser Anforderungen, in: Arbeitshilfe Gottesdienst 20/1 (2006), 72–80, wo als Ergänzung zum Gebet Sure 35,1–3 sowie fakultativ Sure 1 und als Alternativlesung zu Gen 28 Sure 6,84; 21,72; 19,49 vorgesehen sind.

35 S. die Fallstudien und diesbezüglichen Interpretationen in Reinhold Bernhardt/Perry Schmidt-Leukel (Hrsg.), Multiple religiöse Identität. Aus verschiedenen Traditionen schöpfen (Beiträge zu einer Theologie der Religionen 5), Zürich 2008.

36 S. die durchaus bekenntnishaften systematisch-theologischen Reflexionen von Paul Knitter, Without Buddha I Could not be a Christian, Oxford 2009.

4. Zusammenfassung

In drei Zugängen wurde deutlich, dass der in der Diskussion zur Perikopenrevision meist selbstverständliche Bezug auf »die Bibel« bzw. »die Schrift« der kritischen Reflexion und dann der Differenzierung bedarf:

Der im direkten Artikel »die« ausgesagte umfassende Anspruch ist gegenüber Menschen ohne Prägung durch die kirchliche Tradition in seiner Allgemeinheit nicht haltbar. De facto kommt nur ein Teil der Bibel zur Verlesung im Gottesdienst. Das hat auch sachliche Gründe. Denn manche Inhalte in biblischen Büchern stehen – zumindest nach heute verbreiteter theologischer Anschauung – in Widerspruch zu dem Grundimpuls, der vom Wirken und Geschick Jesu ausgeht. Umgekehrt weist aber das Experiment von A. C. Jacobs auf die große Kraft von biblischen Texten und Geboten hin, denen sich zumindest dieser Agnostiker nicht verschließen konnte.

In historisch hermeneutischer Perspektive begegnet ein zirkulärer Zusammenhang von biblischen Texten und Theologie. Die in den meisten evangelischen Kirchengemeinden sowie im Evangelischen Religionsunterricht verwendete Bibelausgabe (in der Luther- oder Zürcher Übersetzung) ist das Produkt eines solchen Interpretationsprozesses. Die hier bisher gegebene, exegetisch[37] und systematisch[38] problematische Vernachlässigung der Bücher Weisheit Salomos und Je-

---

37 S. Hans-Joachim Eckstein, Geschrieben steht – Biblisch-theologische und exegetische Gesichtspunkte für eine Reform der Lese- und Predigtperikopen, in: Kirchenamt der EKD/Amt der UEK/Amt der VELKD (Hrsg.), Auf dem Weg zur Perikopenrevision. Dokumentation einer wissenschaftlichen Fachtagung, Hannover 2010, 45–76, 73 f.

38 S. Ulrich Körtner, Gegeben und bezeugt – Systematisch-theologische und rezeptionsästhetische Gesichtspunkte für eine Reform der Lese- und Pre-

sus Sirach zeigt, dass dieser Prozess nicht abgeschlossen ist, sondern der theologischen Weiterarbeit bedarf.

Schließlich eröffnet die seit der Alten Kirche zu beobachtende Tatsache nichtbiblischer Lesungen einen weiteren Horizont. Diese Möglichkeit begegnet interessanterweise nicht erst unter der Perspektive einer zeitgenössischen pluralistischen Religionstheologie. Vielmehr ist sie im Wissen um das über die Kirche in ihrer organisierten Form hinausreichende Wirken des Heiligen Geistes und der Präsenz Christi begründet. Unter heutigen Bedingungen des Pluralismus in Fragen der Daseins- und Wertorientierung kommt solcher Einsicht neue Bedeutung zu.

---

digtperikopen, in: Kirchenamt der EKD/Amt der UEK/Amt der VELKD (Hrsg.), Auf dem Weg zur Perikopenrevision. Dokumentation einer wissenschaftlichen Fachtagung, Hannover 2010, 15-43, 33.

II. Retroperspektive: Perikopenordnungen

Im Folgenden skizziere ich einige wesentliche Stationen auf dem Weg zur heute in den evangelischen Landeskirchen in Deutschland gültigen Perikopenordnung. Dabei geht es nicht um historische Einzelforschung – hierzu liegen einige Detailstudien vor, wobei erhebliche Forschungsdesiderate unübersehbar sind. Vielmehr kommen durch die Retrospektive[39] Möglichkeiten im Bereich gottesdienstlicher Lesungen in den Blick, die weithin nicht mehr präsent sind. Sie enthalten das Potenzial zu Innovationen, die über eine bloße Revision der vorliegenden Ordnung hinausgehen.

Insgesamt gebe ich jeweils einleitend kurze Hinweise zum Kontext, innerhalb dessen die Vorschläge und Ordnungen platziert sind. Dabei geht es um eine Grundorientierung, die der Bedeutung des Kontextes für die entsprechenden Entscheidungen bei der Auswahl und Anordnung biblischer Texte im Gottesdienst Rechnung tragen soll.

Hermeneutisch steht im Hintergrund die ursprünglich für das Verstehen von Liturgie entworfene – in der »Erklärung von Nairobi über Gottesdienst und Kultur« 1996 formulierte[40] – Unterscheidung von vier verschiedenen *Formen der*

---

39 S. zu diesem Begriff, der sich von der sonst häufig verwendeten »Rekonstruktion« absetzt, die geschichtstheoretischen Hinweise bei Thomas Schlag, Horizonte demokratischer Bildung. Evangelische Religionspädagogik in politischer Perspektive (RPG 14), Freiburg 2010, 81 f.

40 Erklärung von Nairobi über Gottesdienst und Kultur: Herausforderungen und Möglichkeiten unserer Zeit, abgedruckt in: Anita Stauffer (Hrsg.), Christlicher Gottesdienst: Einheit in kultureller Vielfalt. Beiträge zur Ge-

Kontextualisierung. Demnach hat christlicher Gottesdienst eine »kulturübergreifende« (»transcultural«), eine »kontextuelle« (»contextual«), eine »kontrakulturelle« (»counter-cultural«) und eine »kulturell wechselwirksame« (»cross-cultural«) Dimension.[41]

1. Lesungen im Gottesdienst bis zur Reformation

Vorausgeschickt sei, da für die praktische Handhabung der Perikopen von erheblicher Bedeutung: Die heute in allen Bibeln übliche Kapitel- und Verseinteilung entwickelte sich erst spät. Die Einteilung in Kapitel geht 1205 auf den späteren Erzbischof von Canterbury Stephan Langton zurück, die Verseinteilung auf den Pariser Buchdrucker Robert Stephanus in seinem griechischen Neuen Testament von 1551.[42] Von daher kann die heute selbstverständliche Genauigkeit der Perikopenabgrenzung lange nicht vorausgesetzt werden. Dies ließ an einer Vereinheitlichung der Leseordnung interessierte Initiativen wie die von Karl dem Großen scheitern.

Anfangs war es – wie ein Bericht Justins nahelegt – wohl die Aufgabe des Lektors, das Ende der Lesung zu bestimmen (Iust.1 apol. 67,3). Später wurden in die Handschriften entsprechende Vermerke eingetragen.

---

staltung des Gottesdienstes heute (LWB Studien), Genf 1996/Hannover 1997, 29–35.

41 Ausgeführt in Christian Grethlein, Praktische Theologie, Berlin 2012, 190 f.

42 S. Christian Grethlein, Abriß der Liturgik, Gütersloh ²1991, 125.

1.1 Anfänge

Grundsätzlich sind für die apostolische und nachapostolische Zeit auf Grund fehlender Quellen nur Hypothesen zu Lesungen bei der Zusammenkunft der Christen möglich.[43] Einen allgemeinen Hintergrund bildeten die Schriftlesungen im Judentum, wie sie bereits im Alten Testament begegnen (Dtn 31,10–13; Neh 8,1–8) und später – wie z. B. Flavius Josephus und die Apostelgeschichte berichten[44] – in den Synagogen üblich waren. Zumindest für die judenchristliche Gemeinde in Jerusalem dürfte dies von Bedeutung gewesen sein. Doch wird heute die früher manchmal postulierte Abhängigkeit der christlichen Schriftlesungen von der Synagoge nicht mehr allgemein angenommen.[45]

Offenkundig wurden Briefe, die – später teilweise – Eingang in das Neue Testament fanden, bei der Zusammenkunft verlesen, und zwar als Ganze. Neuere Forschungen zur hellenistischen Mahlkultur lassen vermuten, dass Symposien den sozialen Ort bildeten, an dem sie verlesen wurden.[46] Von daher lassen sich gut die Hymnen und Lieder in den Episteln erklären. Denn bei diesen Zusammenkünften wurde auch gesungen. Vermutlich wurden hier ebenfalls die Evangelien bzw. einzelne Abschnitte aus ihnen den mehrheitlich illitera-

43 S. – auch zum Weiteren in diesem Kapitel – die bis heute historisch zuverlässig informierende Schrift: Herwarth von Schade/Frieder Schulz im Auftrag der Lutherischen Liturgischen Konferenz (Hrsg.), Perikopen. Gestalt und Wandel des gottesdienstlichen Bibelgebrauchs (reihe gottesdienst 11), Hamburg 1978, 10.

44 Belege bei Gottfried Reeg, Perikopen/Perikopenordnung I. Antikes Judentum, in: 4RGG Bd. 6 (2003), 1111 f.

45 S. zur Diskussion und zu der entsprechenden Literatur Peter Bloth, Schriftlesung I. Christentum, in: TRE 30 (1999), 520–558, 523 f.

46 S. Hal Taussig, In the Beginning was the Meal. Social Experimentation & Early Christian Identity, Minneapolis 2009, 36–40.

ten Gemeindegliedern zu Gehör gebracht.[47] Schließlich fügt sich die u. a. pädagogische Ausrichtung dieser Mähler gut zu der Annahme, dass hier die Lesung der Texte, die später zum Neuen Testament wurden, ihren ursprünglichen sozialen Ort hatte.

1.2 Verschiedene Funktionen

Gerhard Kunze differenziert die *Hermeneutik der altkirchlich bezeugten Schriftlesungen* überzeugend in fünffacher Weise: Zuerst konstatiert er ein *didaktisches Verständnis*[48] des Gelesenen. Es sollte die Versammelten belehren. Dabei begegnet verschiedentlich schon ein Zusammenhang zwischen kirchlicher und privater Lesung. So bestimmte Kyrill von Jerusalem (in seiner 4. Katechese): »Was nicht in den Kirchen vorgelesen wird, sollst du auch privat nicht lesen«.[49] Weiter beobachtet Kunze ein *magisches Verständnis*.[50] Das Lesen des heiligen Textes galt als unmittelbar wirksam. Drittens nennt Kunze ein *pneumatisches Verständnis*[51], das hierüber hinausführt: »Nicht daß etwas gelesen wird und sei es eine an sich heilige Schrift, sondern daß solches Lesen unter dem Walten des Geistes geschieht, ist allein wichtig.«[52] Hiermit war eine Relativierung der Schriftlesung verbunden, da der Heilige Geist auch ohne Schrift in der Gemeinde walten kann. Einen *praktischen Zweck* verfolgte die Lesung am Anfang der Zusammenkunft. Sie diente – wie z. B. dem 97. Canon des Basilius zu entnehmen ist – dazu, die Unruhe zu dämpfen.[53]

---

47   A. a. O., 38.

48   Gerhard Kunze, Die Lesungen, in: Leiturgia Bd. 2, Kassel 1955, 91.

49   Zitiert ebd.

50   A. a. O., 92.

51   A. a. O., 94.

52   Ebd.

Schließlich führt Kunze einen »*symbolischen*« *Gehalt* von Lesungen an. Als Beispiel hierfür gibt er – unter Bezug auf den Syrischen Codex 14528 – die Lesung von zehn oder mehr biblischen Texten an. Dabei bestand eine aufsteigende Reihenfolge, also je bedeutender, desto später die Lesung.

Die genannten Verständnisse von gottesdienstlichen Lesungen sind – abgesehen von der disziplinierenden Funktion – bis heute anzutreffen. Sie implizieren jeweils Konsequenzen für deren Auswahl, den Vortrag und die Rezeption, wobei sich oft mehrere Dimensionen überlagern.

1.3 Zusammenhang mit Festzeiten

Für das kirchliche Leben ist das bereits früh einsetzende *Ineinander von Schriftlesungen und Festzeiten* wichtig. An besonderen Festen, vor allem an dem sich im 3. Jahrhundert herausbildenden Osterfest und dem etwas später folgenden Weihnachten, wurden die grundlegenden Perikopen gelesen, durchaus in Überlänge.[54] Teilweise kristallisierten sich aus Schriftlesungen – etwa zur Himmelfahrt Christi – eigene Feste heraus. In diesem Zusammenhang ist interessant, wie sich die christliche Festentwicklung am Lukasevangelium orientierte. Es enthält nicht nur die ausführliche Weihnachtsgeschichte (Lk 2,1 ff.), sondern auch den Bericht von besonderen Feiern zu Ostern, Himmelfahrt und Pfingsten (Apg 1 und 2). In anderen Evangelien sieht dies anders – und weniger festfreundlich – aus: »Für das Johannesevangelium z. B. fallen Ostern, Himmelfahrt und Pfingsten auf einen Tag – und das ist der Ostersonntag ... (Joh 20,17–23; vgl. 14,15–29; 16,16–24).«[55]

---

53 S. a. a. O., 97.

54 S. Balthasar Fischer, Formen der Verkündigung, in: GdK 3 (1987), 77–96, 79.

55 Hans-Joachim Eckstein, Geschrieben steht – Biblisch-theologische und

1.4 Pluriformität

Insgesamt wird man sich die Praxis von Lesungen in der frühen Christenheit kaum mannigfaltig genug vorstellen können. Vereinfachend formuliert: Erst als die charismatischen Elemente in den Gottesdiensten schwächer wurden, gewannen die Amtsträger und liturgische Regelungen u. a. zu den Lesungen an Bedeutung. Die in der damaligen Kultur übliche Hierarchisierung und Sakralisierung zog in die Zusammenkünfte ein. Dabei scheinen sich bald allgemein wenigstens zwei Lesungen durchgesetzt zu haben, von denen eine aus den Evangelien stammte.[56]

Doch ist zu beachten, dass die Alte Kirche neben der sonntäglichen Gemeindezusammenkunft mit der Taufe und den Stundengebeten weitere *wichtige liturgische Vollzüge* praktizierte, *in denen den Gemeindegliedern vorgelesen wurde.* Auch traten zunehmend Gemeindeleiter bei den in den ersten Jahrhunderten traditionell durch die Familie (bzw. Vereine) ausgerichteten Bestattungen auf, etwas später auch bei den Eheschließungen. Hier wurden ebenfalls biblische Texte vorgelesen. Dazu beteten – wie in den Stundengebeten – die zu solchen Anlässen Versammelten wohl auch Psalmen. Wie beim Vaterunser und manchen Segensformeln kamen damit biblische Texte im Gottesdienst vor, ohne dass sie eigens gelesen wurden. Sie stellten Worte und Sprache zur Verfügung, um mit Gott in Kontakt zu treten, und wurden zu selbstverständlichen Bestandteilen christlicher Liturgie.

---

exegetische Gesichtspunkte für eine Reform der Lese- und Predigtperikopen, in: Kirchenamt der EKD/Amt der UEK/Amt der VELKD (Hrsg.), Auf dem Weg zur Perikopenrevision. Dokumentation einer wissenschaftlichen Fachtagung, Hannover 2010, 45–76, 75.

56 So Josef Andreas Jungmann, Missarum Sollemnia. Eine genetische Erklärung der römischen Messe Bd. 1, Wien 5 1962, 504 f.

In heutigen evangelischen Gottesdiensten werden so folgende biblischen Texte verwendet: Psalmen und Vaterunser als Gebete, der Aaronitische Segen sowie die sog. Einsetzungsworte bei Abendmahl und Taufe (s. Kap. IV, 2.1). Das Verständnis der direkten Wirksamkeit biblischer Texte verbindet sich hier in mimetischer Form mit deren pädagogischer Bedeutung.

1.5 Perikopenlisten

Die ersten Perikopenlisten begegnen in Dokumenten aus dem 5. Jahrhundert; die ältesten römischen Epistel- und Evangelienlisten entstammen dem 7. Jahrhundert. Verstärkt durch die fränkisch-karolingische Liturgiereform bildeten sich jetzt eine Epistel- und eine Evangelienreihe heraus, die bis heute gern mit dem – historisch falschen – Attribut »altkirchlich« versehen werden. Alttestamentliche Lesungen kamen nur vereinzelt zu Festtagen vor.

Diese – in einzelnen Regionen differierenden – Lesungen wurden in Latein vorgetragen und hatten so liturgischen und in der Rezeption vieler Menschen wohl magischen Charakter. Die große Mehrzahl verstand ihren Inhalt nicht. Die pädagogische Funktion der Lesungen ging so über Jahrhunderte verloren. Dem entsprach das inhaltliche Desinteresse an den Lektionen. Im Mittelalter finden sich keine Berichte von Revisionen oder gar Reformen der Lektionare. Lediglich der Heiligenkalender – und damit das Kirchenjahr – differenzierte sich aus. Im Zentrum der Messe standen das Agieren der Priester und die daraus resultierenden »Messfrüchte«.[57]

---

57 Herwarth von Schade/Frieder Schulz im Auftrag der Lutherischen Liturgischen Konferenz (Hrsg.), Perikopen. Gestalt und Wandel des gottesdienstlichen Bibelgebrauchs (reihe gottesdienst 11), Hamburg 1978, 22.

2. Lesungen im Gottesdienst
seit der Reformation

Ausgangspunkt der Reformatoren waren die vorliegenden Perikopenordnungen, ohne dass uns heute genau bekannt ist, was tatsächlich vor Ort, etwa im Augustinerkloster zu Wittenberg, praktiziert wurde.[58] Das später für die römisch-katholische Kirche allgemein verbindliche Missale von 1570 war erst eine Reaktion auf die Reformation.

1. Ansatz Martin Luthers

Der Wittenberger Reformator äußerte sich mehrfach zu den gottesdienstlichen Lektionen. Schon in seiner ersten auf den Gottesdienst bezogenen Schrift *Von Ordnung Gottesdiensts in der Gemeinde* (1523) treten dabei wichtige Anliegen hervor. Vor allem betonte Luther nachdrücklich die *Bedeutung der Auslegung der verlesenen Schrift*. Die Predigt – nicht die Schriftlesung – ist für ihn das Entscheidungskriterium, ob ein Gottesdienst stattfindet oder nicht:

> »Darumb wo nicht gotts wort predigt wirt / ists besser das man widder singe noch lese / noch zu samen kome.« (WA 12,35) Und: »... so ist der gemeyne der lectio nichts gebessert / wie bis her ynn klostern und stifften geschehen / da sie nur die wende haben angeblehet.« (WA 12, 35 f.)

Hinsichtlich der konkreten Lektionen hat sich Luther sowohl in der eben zitierten Schrift als auch in der im gleichen Jahr erschienenen *Formula missae et communionis* und drei Jahre später in der *Deutschen Messe* geäußert. Dabei ist – im Einzelnen etwas unterschiedlich ausgeführt – das pädagogische (bzw. katechetische) Anliegen unübersehbar, das Luther mit

---

58 S. a. a. O., 23 f.

den Schriftlesungen verband. So empfahl er – vor allem für die Schüler – tägliche Morgen- und Abendgottesdienste, mit einer Bahnlesung morgens aus dem Alten Testament, abends aus dem Neuen Testament (WA 12,35). Auch hier war das Gelesene jeweils auszulegen. Für den sonntäglichen Gemeindegottesdienst sah Luther – wie überkommen – eine Epistel- und eine Evangelienlesung vor. Zwar beurteilte er die konkrete Epistelauswahl durchaus kritisch; sie war ihm zu stark paränetisch ausgerichtet und vernachlässigte die Ausführungen des Paulus zum Glauben (WA 12,209). Doch arbeitete er selbst keinen Alternativvorschlag aus, sondern hielt das bisher Übliche für weiterhin möglich. Die Wahl des Evangeliums stellte er ausdrücklich frei (WA 12,211).

Diese Grundlinien – Beibehalten bisheriger Ordnungen, Betonung der verständlichen Auslegung und differenzierte Lesungen je nach Gottesdienstart – finden sich auch in Luthers letzter großer liturgischer Schrift *Deutsche Messe* (1526). Hier begann er als Vorzeichen der weiteren Ausführungen zur gottesdienstlichen Gestaltung mit der Warnung, »ja keyn noettig gesetz draus (zu) machen«, und zwar wegen der »Christlichen freyheyt« (WA 19,72). Kriterium für deren Form sind »Gottis ehre vnd des nehisten besserung« (ebd.). Besonders sollen die liturgischen Ordnungen auf »die jugent vnd eynfeltigen« eingehen (WA 19,73). Hier taucht jetzt bei den – vor allem auf die Schüler ausgerichteten – Gottesdiensten an einzelnen Wochentagen (konkret montags und dienstags) der Katechismus als Gegenstand der Lesung und Inhalt der Predigt auf. Explizit bestätigte Luther noch einmal die überkommenen beiden Lektionsreihen, fügte aber auch die Möglichkeit der *lectio continua* hinzu (WA 19,79).

Dementsprechend erklärten die lutherischen Reichsstände 1530 auf dem Reichstag zu Augsburg »um der Liebe und guter Ordnung in der Kirche willen« ihre Bindung an den bestehenden Ordo lectionum – abgesehen von der unvermeidlichen Abschaffung der Heiligentage.[59] Deutlich tritt hier die staatserhaltende Funktion geordneter Schriftlesungen hervor.

Schließlich fügte Luther zu den bisher im Gottesdienst in Form des Vaterunsers und der Psalmen gebeteten sowie in Abendmahl und Taufe mimetisch aufgenommenen biblischen Texte einen weiteren hinzu: den aaronitischen Segen.[60] Dieser bildet die Gelenkstelle zwischen Gottesdienst und Alltag und drückt in seiner jussivischen Form bis heute im lutherischen Sonntagsgottesdienst die Balance zwischen dem Angewiesensein der Menschen auf Gott und dessen Freiheit aus.

2.2 Weitere Reformen

Anders stellt sich die Position zu den Schriftlesungen bei Huldrych Zwingli dar. Dabei muss beachtet werden, dass er – im Gegensatz zu Luthers Einsatz bei der Messe – seinen Ausgangspunkt beim sog. Pronaus, dem mittelalterlichen, in Süddeutschland, im Elsass und in der Schweiz gebräuchlichen Predigtgottesdienst nahm. Im Weiteren bestimmend – und für erbitterte Auseinandersetzungen sorgend – war Zwinglis Entscheidung für die *lectio continua*. Damit löste er den – bei Luther beibehaltenen – »entscheidenden Zusammenhang mit der Messe und auch dem Kirchenjahr auf«[61]. Zwinglis Interesse am Studium der Schrift in ihrem Zusam-

---

59 Peter Bloth, Schriftlesung I. Christentum, in: TRE 30 (1999), 520–558, 533.

60 S. Michael Meyer-Blanck, Gottesdienstlehre, Tübingen 2012, 515 f.

61 Ralph Kunz, Gottesdienst evangelisch reformiert. Liturgik und Liturgie in der Kirche Zwinglis (THEOPHIL 10), Zürich 2001, 41.

menhang, einschließlich deren Erklärung, führte zu einem Bruch mit der bisherigen Tradition, der sich theologisch durch das signifikatorische Sakramentsverständnis verstärkte.

Auch Johannes Calvin entschied sich gegen die *sectiones*, also die Perikopen, und für die *lectio continua*. Später wurde dann in der Kurpfälzischen Kirchenordnung (1563) die Auswahl der zu lesenden und predigenden Bücher dem Superintendenten zugeschrieben.[62] An die Stelle der überkommenen Tradition, der sich Luther verpflichtet wusste, trat jetzt eine amtliche Funktionszuweisung, die bereits auf spätere traditionskritische Modi der Herrschaft verwies.

In der Folgezeit gab es zur Form der Schriftlesung – ob als Perikope oder in *lectio continua* – eine erbitterte Auseinandersetzung zwischen reformierten und lutherischen Theologen,[63] ohne dass es zu durchschlagenden Klärungen gekommen wäre. Die zitierten Äußerungen Luthers, in denen er den menschlichen und damit revidierbaren Charakter der verschiedenen Lese-Modi hervorgehoben hatte, traten zurück. Bis heute stellt die Alternative zwischen Perikopenordnung und *lectio continua* (bzw. abgeschwächt: *lectio semicontinua*) einen Differenzpunkt zwischen den reformierten und lutherischen Kirchen in Europa dar.[64] Er wird allerdings durch die an der Perikopenordnung orientierte Predigtvorbereitungsliteratur gemildert, derer sich auch viele reformierte Prediger gerne bedienen.

---

62 Peter Bloth, Schriftlesung I. Christentum, in: TRE 30 (1999), 520–558, 531.

63 Unter Bezug auf entsprechende Literatur skizziert, a. a. O., 533 f.

64 S. Florian Herrmann, Leseordnungen in der Gemeinschaft Evangelischer Kirchen in Europa, in: Kirchenamt der EKD/Amt der UEK/Amt der VELKD (Hrsg.), Auf dem Weg zur Perikopenrevision. Dokumentation einer wissenschaftlichen Fachtagung, Hannover 2010, 185–197.

Die römisch-katholische Kirche beschloss 1570 mit dem
Missale Romanum eine bis zum Zweiten Vaticanum maß-
gebliche Perikopenordnung. Sie fußte ebenfalls auf den beiden »altkirchlichen« Reihen, wenngleich mit einigen signifikanten Umstellungen gegenüber der lutherischen Ordnung.[65]
Doch blieb zumindest in den Festzeiten eine weitgehende
Übereinstimmung der Lesungen mit denen in der lutherischen Kirche bestehen. Vielleicht der gravierendste Unterschied zur lutherischen Auffassung war die regulierende
Starrheit. So betonte die Einführungsbulle, »daß daran nichts
mehr geändert werden darf«[66] – eine der Unterscheidung Luthers zwischen menschlichen Satzungen und göttlicher Ordnung diametral entgegengesetzte Bestimmung.

Ansonsten ergab sich durch Aufklärung und Pietismus
und vollends im späteren 18. und im 19. Jahrhundert eine zunehmende Kluft zwischen gottesdienstlicher Lesung und
privater Bibellektüre. Allerdings gelang es im lutherischen
Bereich bis ins 19. Jahrhundert hinein, durch die sog. Schul-
Perikopen einen Zusammenhang zwischen den liturgischen
Lesungen und dem schulischen (Religions-)Unterricht zu
wahren. So wurden die Schüler auf die Lesungen des kom-
menden Sonntags vorbereitet.[67] Doch geriet diese Praxis
durch die Hinwendung im Religionsunterricht zu den biblischen »Historien« in den Hintergrund. Die Eigendynamik
von auf die Kinder bezogenem Unterricht und die kultische

---

65 Die Differenzen benennen genau Herwarth von Schade/Frieder Schulz im
    Auftrag der Lutherischen Liturgischen Konferenz (Hrsg.), Perikopen. Ge-
    stalt und Wandel des gottesdienstlichen Bibelgebrauchs (reihe gottes-
    dienst 11), Hamburg 1978, 32.
66 Zitiert nach Peter Bloth, Schriftlesung I. Christentum, in: TRE 30 (1999),
    520–558, 532.
67 S. a. a. O., 539.

Ausrichtung der sonntäglichen Zusammenkunft strebten auch hier auseinander. Peter Bloth konstatiert:

> »Die ›Schriftlesung‹ als Bibel- und Historien-Lektüre im Schul-Unterricht, bestimmt durch den ›gescheuten Lehrmeister‹, und die ›Perikopen‹-Schriftlesung samt Predigt des Pfarrers ... im öffentlichen Gottesdienst beginnen, sich voneinander zu entfernen«.[68]

Die aufgeklärten Theologen wandten sich im Gottesdienst dagegen der Motto- oder Themapredigt zu, die auf praktische Lebensberatung zielte.[69] Sie entnahmen dem jeweiligen biblischen Text ein Thema, das sie in der Predigt entfalteten. Dadurch umgingen sie die – angenommene – Abständigkeit der biblischen Texte und wurden ihrer pädagogischen Verantwortung als »Religionslehrer« – so die jetzt übliche Bezeichnung für die Pfarrer – für die Ungebildeten gerecht. Dass dabei die kulturkritische Dimension des Evangeliums zurücktrat bzw. ausfiel, war der Preis für die oft lebensnahen Bemühungen um Kontextualisierung der biblischen Texte bzw. Worte.

Den bereits für Luther wichtigen Zusammenhang zwischen Lesung und Predigt radikalisierte Friedrich Schleiermacher. Der reformierte Theologe kritisierte den angeblichen Zusammenhang von Epistel- und Evangelienlesung. Vielmehr befürchtete er durch weitere Lesungen neben dem Predigttext eine Störung des »organischen Zusammenhang[s]«, der die »Vollkommenheit des Gottesdienstes« ausmacht.[70]

---

68 A. a. O., 540; s. genauer Christine Reents, Die Bibel als Schul- und Hausbuch für Kinder. Werkanalyse und Wirkungsgeschichte einer frühen Schul- und Kinderbibel im evangelischen Raum (Arbeiten zur Religionspädagogik 2), Göttingen 1984.

69 S. hierzu Albrecht Beutel, Aufklärung in Deutschland, Göttingen 2006, 365 f.

70 Friedrich Schleiermacher, Die praktische Theologie nach den Grundsäzen

Deshalb empfahl er nur die Lesung eines biblischen Textes, der dann in der Predigt auszulegen sei.

2.3 Eisenacher Perikopenrevision

Einen wichtigen Einschnitt in der Geschichte der Perikopen-ordnungen in den deutschen evangelischen Kirchen stellt die sog. Eisenacher Perikopenrevision dar.

Während des ganzen 19. Jahrhunderts finden sich Klagen von Predigern über den sog. Perikopenzwang.[71] Die sich im Jahresrhythmus wiederholende Predigt der Texte aus der sog. altkirchlichen Evangelienreihe wurde als belastend empfun-den. Viele Pfarrer wünschten mehr Abwechslung. Dement-sprechend veröffentlichten seit 1825 fast alle lutherischen Kirchen in Deutschland (und Skandinavien) zusätzliche Peri-kopenreihen, deren Auswahlkriterium die Prädikabilität war. Dadurch wurde aber die Lage in Deutschland immer unüber-sichtlicher.

So setzte die Deutsche Evangelische Kirchenkonferenz 1886 eine Kommission ein, die sich zuerst einen Überblick über die Lage verschaffen sollte, um zu einer neuen Einheit zu führen. Damit stand sie im Kontext der allgemeinen politischen Eini-gungsbestrebungen, die 1871 in die Reichsgründung münde-ten.[72] Das Resultat war eine 82 Druckseiten starke Publika-tion, die 29 Tabellen mit verschiedenen Ordnungen umfasste. Auf dieser Grundlage wurde ein eigener Vorschlag erarbeitet.

Dabei ging es der Kommission im »Interesse der Erhal-tung und Wahrung des thatsächlich vorhandenen Gemein-

---

der evangelischen Kirche im Zusammenhange dargestellt, hrsg. v. Jacob Frerichs, Berlin 1850, 138.

71 S. Frieder Schulz, Perikopen, in: EKL 3 (1992), 1123–1130, 1125.

72 S. Thomas Nipperdey, Deutsche Geschichte 1866–1918 Bd. 2. Machtstaat vor der Demokratie, München 1992, 11–84.

gutes der evangelischen Landeskirchen«[73] darum, eine weitere Zersplitterung zu vermeiden. Positiv sollte eine »reichere und manchfaltigere Lesung« erreicht werden. Schließlich hofften die Kirchenvertreter, dass die neuen Perikopenreihen die Grundlage für »eine Bibelesetafel für das ganze deutsche Volk« bilden könnten.[74]

Konkret war der Eisenacher Vorschlag eng an den vorliegenden »altkirchlichen Reihen« orientiert. Diese wurden lediglich dreimal korrigiert,[75] ansonsten weitgehend unverändert übernommen. Hinzugefügt wurde eine aus Episteln und Evangelientexten gemischte Reihe, deren Passung und Ergänzungscharakter zu den »alten« Reihen ausdrücklich betont wurde. Auch hier war die Prädikabilität das Kriterium für die Textauswahl. Dazu traten eine alttestamentliche Reihe und die Zusammenstellung einer »Leidensgeschichte des Herrn«.[76]

Auf jeden Fall gelang so – neben der allseits gelobten analytischen Vorarbeit – eine *Vereinheitlichung der Perikopen* in den deutschen lutherischen Kirchen bis in den Kirchenkampf hinein.

---

73 So das – nachgerückte – Kommissionsmitglied Hermann Frhr. v. d. Goltz (zitiert nach Karl-Heinrich Bieritz, Es wechseln die Zeiten – Perikopenreformen seit 1896 und ihr hermeneutischer Horizont, in: Kirchenamt der EKD/Amt der UEK/Amt der VELKD [Hrsg.], Auf dem Weg zur Perikopenrevision. Dokumentation einer wissenschaftlichen Fachtagung, Hannover 2010, 115–133, 117).

74 So das Kommissionsmitglied Gerhard Uhlhorn (zitiert a. a. O., 117 f.)

75 S. die genauen Angaben bei Herwarth von Schade/Frieder Schulz im Auftrag der Lutherischen Liturgischen Konferenz (Hrsg.), Perikopen. Gestalt und Wandel des gottesdienstlichen Bibelgebrauchs (reihe gottesdienst 11), Hamburg 1978, 42; die ganze Ordnung ist in Tabellenform (a. a. O., 77–83) abgedruckt.

76 S. Peter Bloth, Schriftlesung I. Christentum, in: TRE 30 (1999), 520–558, 547.

Kritik an der Revision kam von zwei Seiten. Zum einen protestierte etwa der junge Martin Schian gegen den damit verbundenen »Perikopenzwang«.[77] 25 Jahre später konnte er, inzwischen zum Ordinarius für Praktische Theologie in Gießen avanciert, eine Abschwächung des Zwangs konstatieren. Abgewogen resümierte er, auch hier um Vermittlung bemüht:

> »So ist denn der Textzwang abzulehnen; aber auch die jedesmalige freie Wahl ist keine erwünschte Lösung. Der beste Weg ist der einer freiwilligen, aber nicht mechanischen Bindung an gut gewählte Reihen im Wechsel mit freier Wahl.«[78]

Zum anderen – dem liberalen Protest entgegengesetzt – wurde später gegenüber den »Eisenacher Perikopen« die besondere Dignität der »alten« Lesereihen eingeklagt. Die Bindung an die abendländische Tradition schien in den neuen, aber auch in den Korrekturen der beiden »alten« Reihen zu sehr gelockert. Deren besondere Würde begründete der Wortführer dieser Kritik, Peter Brunner, pneumatologisch.[79]

2.4 Durch Berneuchen initiierte Reform (OPT)

Die nächste Revision der Leseordnungen, die dann 1958 zur Ordnung der Predigttexte (OPT) und darauf aufbauend 1977 zur Ordnung der Lese- und Predigttexte (OLP) führte, erhielt einen wesentlichen Impuls durch die vom Berneuchener Kreis und dessen Umfeld initiierte Reform des Kirchenjahres.

---

77 Martin Schian, Wider die Perikopen, Leipzig 1897.

78 Martin Schian, Grundriß der Praktischen Theologie (STö.T 6), Gießen 1922, 232.

79 S. Peter Brunner, Die Schriftlesung im Gottesdienst an Sonn- und Feiertagen, in: Joachim Beckmann u. a., Der Gottesdienst an Sonn- und Feiertagen. Untersuchungen zur Kirchenagende I/1, Gütersloh 1949, 111–204, 114.

Ihr Anfang ist mit den tiefgreifenden Umwälzungen nach der Katastrophe des Ersten Weltkriegs verbunden, die allgemein in der Kultur und auch in der Evangelischen Kirche und Theologie zu einer umfassenden Neubesinnung führten.

Den ersten Anstoß gab 1920 eine schwedische Veröffentlichung,[80] die auf Veranlassung Rudolf Ottos 1924 auf Deutsch publiziert wurde.[81] Sie versuchte, das Kirchenjahr auf der Basis eines theologischen Grundbegriffs, der »Reichsgottesidee des Evangeliums«[82], zu rekonstruieren. Dabei behandelte der erste, die großen Kirchenfeste umfassende Teil die Heilsgeschichte von der Schöpfung der Welt bis zur Gründung der Kirche. In der zweiten festlosen Hälfte wurde das christliche Leben in Kirche, Haus und Volk zum Thema. Insgesamt bekam jeder Sonntag einen Leitgedanke zugeordnet, der die Auswahl der Lesungstexte und Gebete leitete.

Zwar wurde der von Otto und seinen Schülern erarbeitete Vorschlag in der gottesdienstlichen Praxis kaum rezipiert. Doch setzte sich – aufgenommen und ausgearbeitet im Berneuchener Umfeld – das Prinzip der thematischen Ausrich-

---

80 Emanuel Linderholm, Svensk evangeliebok. Böner och bibeltexter för den offentliga gudstjänsten, skola och enskild andakt, Stockholm 1920.

81 Emanuel Linderholm, Neues Evangelienbuch. Gebete und Bibellesungen für den öffentlichen Gottesdienst, für Schul- und Einzelandacht, übers. v. Theodor Reißinger, Gotha 1924.

82 Das Jahr der Kirche in Lesungen und Gebeten. Emanuel Linderholm: Neues Evangelienbuch, dt. v. Theodor Reißinger in 2. Aufl., vermehrt und überarbeitet mit Wilhelm Knevels und Gustav Mensching von Rudolf Otto, Gotha 1927, XI. Zur großen Wirkung dieser Denkschrift s. die Zusammenstellung darauf reagierender Publikationen bei Karl-Heinrich Bieritz, Es wechseln die Zeiten – Perikopenreformen seit 1896 und ihr hermeneutischer Horizont, in: Kirchenamt der EKD/Amt der UEK/Amt der VELKD (Hrsg.), Auf dem Weg zur Perikopenrevision. Dokumentation einer wissenschaftlichen Fachtagung, Hannover 2010,115–133, 125 f., Anm. 54.

tung der Sonntage durch. Sie erhielten einen De-tempore-Charakter; Lesungen, Wochenspruch und Wochenlied folgten ihm. Theodor Knolle und Wilhelm Stählin begründeten diesen, die weitere agendarische Arbeit prägenden Ansatz:

> »Was den einzelnen Sonntag in besonderer Weise kennzeichnet, ist eher eine bestimmte Seite der Offenbarung als ein dogmatisches Lehrstück, eher ein Bild als ein Begriff. Das Wort ›Thema‹ meint also eine Art Leit-Wort oder Leit-Bild, das dem einzelnen Sonntag sein Gepräge und seinen Namen geben soll. ... Diese Sonntagsthemen ... sind so gewählt, daß sie mit verschwindenden Ausnahmen einen deutlichen Zusammenhang mit einem der alten Sonntagsevangelien bewahren. Ja sie sind zum großen Teil einfach aus diesen alten Evangelien geschöpft ... Dieses Sonntagsthema soll, so wie es bei Festtagen selbstverständlich ist, dem ganzen Sonntag und seinem Gottesdienst das Gepräge geben. ... Diesem Sonntagsthema sollen sich auch die gottesdienstlichen Lesungen einordnen.«[83]

In diesem Konzept der *Neugestaltung des Kirchenjahres* verbanden sich Verfallstheorie – der Verfall des Kirchenjahres galt als Ausdruck der der Aufklärung zugeschriebenen »Auflösung gottesdienstlicher Formen«[84] – und damals verbreitete organologische bzw. lebensphilosophische Auffassungen.[85] Entgegen der bisherigen Zweiteilung des Kirchenjahres in Halbjahr Christi (Hochfeste) und Halbjahr der Kirche (festlose Zeit) sollte das ganze Kirchenjahr als Chris-

---

83 Das Kirchenjahr. Eine Denkschrift über die Kirchliche Ordnung des Jahres, i. A. der Niedersächsischen Liturgischen Konferenz und des Berneuchener Kreises hrsg. v. Theodor Knolle und Wilhelm Stählin, Kassel 1934, 40 f.

84 A. a. O., 7, unter Anspielung auf Paul Graff, Geschichte der Auflösung der alten gottesdienstlichen Formen in der evangelischen Kirche Deutschlands 2 Bde., Göttingen 1921 und 1939.

85 S. Kirchenjahr, 316; s. hierzu Michael Meyer-Blanck, Leben, Leib und Liturgie. Die Praktische Theologie Wilhelm Stählins (APrTh 6), Berlin 1994, 286–288.

tusjahr begangen werden. So wurde z. B. die Trinitatiszeit von der Heiligen-Memoria her strukturiert. Zwar konnten sich solche Spezialia nicht über den engen Kreisen der liturgisch Interessierten hinaus durchsetzen, doch erscheint das Prinzip thematischer Prägung der Sonntage bis heute – vielleicht sogar zunehmend – attraktiv.[86]

Dieses Grundprinzip schuf auch den Rahmen für die – abgesehen von kleineren späteren Modifikationen – bis heute prägende OPT von 1958 mit ihren sechs Reihen. Denn hier ermöglichte die Profilierung der jeweiligen Sonntage unter dem Prinzip der »Konsonanz« der Lesungen eine Neuaushebung von vier weiteren Reihen. Den kulturellen Hintergrund dieser bereits vor dem Ende des Zweiten Weltkriegs begonnenen Reform bildete die entschiedene Orientierung an der Tradition, also den beiden sog. altkirchlichen Reihen. Wie auch sonst im Aufbruch der Bonner Republik mischte sich hier der Rückgriff auf – angeblich – Bewährtes mit einem Interesse an Ordnungen und Regelungen, das sich wiederum der Annahme organologischer Entwicklung verdankte. Damit schloss sich die Revision an allgemeine kulturelle Strömungen an. Zugleich beschleunigte die dem organologischen Ansatz inhärente Abgrenzung von allem, was außerhalb des Organismus »Kirche« bzw. »Gottesdienst« lag, die »Emigration« von Kirche[87] und vergrößerte damit den Abstand des Gottesdienstes einschließlich seiner Lesungen vom sonstigen Leben.

---

86 So die – allerdings mit kritischem Unterton vorgetragene – Vermutung von Irene Mildenberger, Leitbild, roter Faden, Thema – Wie viel Konsonanz, wie viel Spannung wollen wir?, in: Kirchenamt der EKD/Amt der UEK/Amt der VELKD (Hrsg.), Auf dem Weg zur Perikopenrevision. Dokumentation einer wissenschaftlichen Fachtagung, Hannover 2010, 209–224, 218 f.

87 S. die soziologische Analyse von Joachim Matthes, Die Emigration der Kirche aus der Gesellschaft, Hamburg 1964.

Das Lektionar von 1949 sowie die dazu gehörende Predigttextordnung griffen nicht nur wieder auf die beiden »alten«
Reihen zurück, sondern machten sogar teilweise die kleineren Korrekturen der Eisenacher Perikopenordnungen hieran
wieder rückgängig. Die reaktionäre Rückwendung, die diese
Neuordnung bestimmte, geht deutlich aus dem Begleitwort
von Christhard Mahrenholz zur ersten Auflage des Lektionars
hervor:

> »Die evangelisch-lutherischen Kirchen und Gemeinden gebrauchen
> für die gottesdienstliche Schriftlesung an Sonn- und Feiertagen eine
> Leseordnung, die in ihren Grundzügen bereits um das Jahr 600 in der
> Stadt Rom vorhanden war und in ihrer karolingischen Gestalt bei uns
> heimisch wurde. Die Wittenberger Reformation hat für die Sonntage
> und für die von ihr beibehaltenen Feiertage diese Leseordnung im
> wesentlichen übernommen. ... Auch die Eisenacher Kirchenkonferenz
> von 1896 hat diese Ordnung nur an wenigen Stellen geändert. ... Das
> von uns vorgelegte Lektionar ist seinerseits lediglich eine revidierte
> Gestalt dieser Leseordnung.«[88]

Die für die Agende 1 typische Ablehnung jeder pädagogischen
oder sonstigen gegenwartsbezogenen Reflexion bestimmte
somit auch diese Leseordnung. Nach einigen Vorarbeiten
wurde 1958 die OPT mit ihren sechs Reihen eingeführt, wobei
die Reihen III bis VI, wiederum zwei Epistel- und zwei Evangelienreihen, zu je etwa einem Viertel alttestamentliche Texte
boten. Hinzu traten noch eine Jahresreihe von Predigttexten
aus dem Psalter sowie Marginaltexte. Durch diese straffe Ordnung sollte erreicht werden, »daß der Prediger das Ganze der
Schrift predigt und sich nicht auf ›leichte‹ oder Lieblingstexte

---

88 Zitiert nach Herwarth von Schade/Frieder Schulz im Auftrag der Luthe-
    rischen Liturgischen Konferenz (Hrsg.), Perikopen. Gestalt und Wandel
    des gottesdienstlichen Bibelgebrauchs (reihe gottesdienst 11), Hamburg
    1978, 47 f.

beschränkt.«[89] Deutlich tritt hier die hermeneutisch ver-
engte, exklusiv auf die Bibel bezogene Sicht hervor. Sie hatte
die potenziell am Gottesdienst Teilnehmenden aus dem Blick
verloren.

2.5 Der katholische Aufbruch

Erst der sich auch auf die Perikopenordnung erstreckende,
durch das Zweite Vaticanum angestoßene Aufbruch[90] in der
römisch-katholischen Kirche irritierte zeitweilig die ansonsten in historischer Selbstreferentialität erstarrte Perikopenarbeit der deutschen evangelischen Kirchen. Seit 1966 arbeitete
die Lutherische Liturgische Konferenz in ihren gewohnten
Bahnen an einer weiteren Revision der Perikopenordnung. Da
erschien 1969 die Ordo lectionum missae (OLM), die entschieden die bisherige Ausrichtung an den beiden »alten« Reihen
verließ. Dabei orientierten sich die katholischen Liturgiewissenschaftler an grundlegenden Hinweisen der Konstitution
Sacrosanctum Concilium.

Dieses als erster Text auf dem Zweiten Vaticanum be-
schlossene Dokument verfolgte eine auf die Gegenwart bezogene Ausrichtung liturgischer Arbeit. So beginnt die Liturgie-
Konstitution programmatisch mit den Worten: »Das Heilige
Konzil hat sich zum Ziel gesetzt, das christliche Leben unter
den Gläubigen mehr und mehr zu vertiefen, die dem Wechsel
unterworfenen Einrichtungen den Notwendigkeiten unseres

---

89 A. a. O., 53, unter Bezug auf eine Stellungnahme von Frieder Schulz.

90 S. zum Grundansatz des Konzils Karl Lehmann, Zwischen Überlieferung
und Erneuerung. Hermeneutische Überlegungen zur Struktur der verschiedenen Rezeptionsprozesse des Zweiten Vatikanischen Konzils, in:
Antonio Autiero (Hrsg.), Herausforderung Aggiornamento zur Rezeption
des Zweiten Vatikanischen Konzils (MThA 62), Altenberge 2000, 95–110.

Zeitalters besser anzupassen ...« (SC 1).[91] Im Einzelnen wurde
für die Lesungen bestimmt:

> »Bei den heiligen Feiern soll die Schriftlesung reicher, mannigfaltiger
> und passender ausgestaltet werden.« (SC 35) Und: »Auf daß den Gläu-
> bigen der Tisch des Gotteswortes reicher bereitet werde, soll die
> Schatzkammer der Bibel weiter aufgetan werden, so daß innerhalb
> einer bestimmten Anzahl von Jahren die wichtigsten Teile der Heili-
> gen Schrift dem Volk vorgetragen werden.« (SC 51)

Die Ausrichtung der OLM ist explizit pastoral (finis ... est im-
primis pastoralis[92]). Deshalb werden z. B. ausdrücklich schwie-
rige biblische Texte vermieden und kulturelle Zusammen-
hänge berücksichtigt.[93]

Konkret sieht die neue Ordnung in drei Lesejahren drei
Lesungen (Altes Testament, Epistel, Evangelium) vor, wobei
in der Messfeier fakultativ eine weggelassen werden darf. Zu
den Festzeiten bleibt die Orientierung an den alten Reihen
aufrechterhalten. Sonst aber wird in jedem Lesejahr in einer
Bahnlesung (lectio semicontinua) aus einem (jährlich alter-
nierenden) synoptischen Evangelium vorgetragen, auf das die
alttestamentliche Lesung konsonant bezogen wird. Die Epistellesung folgt ebenfalls dem Modus der Bahnlesung.

Durch die drei Evangelien-Reihen wird die Lese- und Predigtordnung – gegenüber den bis dahin leitenden tridenti-

---

91 Gut greifbar in: Karl Rahner/Herbert Vorgrimler, Kleines Konzilskom-
    pendium. Alle Konstitutionen, Dekrete und Erklärungen des Zweiten
    Vaticanums in der bischöflich beauftragten Übersetzung, Freiburg ²1967,
    51.

92 Ordo Lectionum Missae. Die Leseordnung für die Meßfeier, hrsg. u. übers.
    v. den Liturgischen Instituten in Salzburg, Trier/Zürich, Trier 1969, 10.

93 Knapp fasst – unter Angabe der entsprechenden Belegstellen aus der OLM
    – die wichtigsten Argumente zusammen: Peter Bloth, Schriftlesung I.
    Christentum, in: TRE 30 (1999), 520–558, 552.

nischen Bestimmungen – erheblich flexibilisiert und erweitert. Inhaltlich und rituell tritt die leitende Funktion des Evangeliums hervor.

Diese neue Ordnung wurde zumindest außerhalb von Deutschland als innovativ und weiterführend auch im evangelischen Bereich empfunden. So schlossen sich in den USA umgehend lutherische, anglikanische und einige evangelische Kirchenunionen grundsätzlich an, wobei sie im Einzelnen Veränderungen vornahmen. Auch außerhalb der USA findet die OLM Interesse und prägt zunehmend die Leseordnungen.[94]

Besticht die OLM auf den ersten Blick durch Übersichtlichkeit und Klarheit, so erweist sich in der Praxis die fehlende Abstimmung von Evangelien- und Epistellesung als problematisch.[95] Auch wird die Auswahl – und die dahinterstehende Hermeneutik – der alttestamentlichen Lesereihe kritisch diskutiert.[96]

2.6 Beharren im evangelischen Deutschland

Trotz der Rezeption der OLM vor allem in US-amerikanischen evangelischen Kirchen beharrten die deutschen evangelischen Liturgiker auf einer grundsätzlichen Beibehaltung der

---

94 S. eine genaue Zusammenstellung der entsprechenden Kirchen bei Florian Herrmann, Leseordnungen in der Gemeinschaft Evangelischer Kirchen in Europa, in: Kirchenamt der EKD/Amt der UEK/Amt der VELKD (Hrsg.), Auf dem Weg zur Perikopenrevision. Dokumentation einer wissenschaftlichen Fachtagung, Hannover 2010, 185–197, 191–193.

95 S. z. B. Ansgar Franz, Unterschiedliche Lesarten? Perikopenordnungen in der Ökumene, in: Kirchenamt der EKD/Amt der UEK/Amt der VELKD (Hrsg.), Auf dem Weg zur Perikopenrevision. Dokumentation einer wissenschaftlichen Fachtagung, Hannover 2010, 153–177, 153.

96 S. a. a. O., 158 f.

1958 veröffentlichen OPT und damit der sechs Lese- und Predigtreihen. Auf der Internationalen Perikopenkonferenz in Genf wurde deutlich, dass das internationale Luthertum diesem deutschen Weg nicht folgen wollte.

So wurde 1977 in Deutschland noch einmal eine Revision verabschiedet, die sich jedoch nur in kleineren Verbesserungen äußerte.[97] Es blieb bei dem einjährigen Turnus für die Leseperikopen und dem Sechsjahresturnus für die Predigtperikopen.

In verschiedener Hinsicht wurden immer wieder kritische Stimmen auch gegen diese neue Fassung der Ordnung laut. Im christlich-jüdischen Dialog Engagierte forderten eine stärkere Berücksichtigung alttestamentlicher Texte in ihrer Eigenständigkeit;[98] im Umfeld der feministischen Theologie wurde die defizitäre Berücksichtigung von biblischen Erzählungen moniert, in denen Frauen eine Rolle spielen.[99] Aus der Praxis kam die Klage »über perikopale Episteldürre und dogmatische Lebensferne«[100].

---

97 S. die Zusammenstellung der Veränderungen in Herwarth von Schade/ Frieder Schulz im Auftrag der Lutherischen Liturgischen Konferenz (Hrsg.), Perikopen. Gestalt und Wandel des gottesdienstlichen Bibelgebrauchs (reihe gottesdienst 11), Hamburg 1978, 60 f.

98 Eine gewisse Zusammenfassung fanden diese Bemühungen in der im Auftrag der Konferenz Landeskirchlicher Arbeitskreise Christen und Juden (KLAK) erarbeiteten Leseordnung »Die ganze Bibel zu Wort kommen lassen. Ein neues Perikopenmodell«, veröffentlicht als Sonderheft von Begegnung. Zeitschrift für Kirche und Judentum (Dezember 2009).

99 S. hierzu den Überblick bei Renate Jost, Feministische Impulse für eine neue Perikopenordnung, in: Kirchenamt der EKD/Amt der UEK/Amt der VELKD (Hrsg.), Auf dem Weg zur Perikopenrevision. Dokumentation einer wissenschaftlichen Fachtagung, Hannover 2010, 231–263.

100 Lutz Friedrichs, Perikopen/Perikopenordnung II. Christentum, in: ⁴RGG 6 (2003), 1112–1115, 1114.

Angesichts solcher Kritik versuchte der bereits genannte Revisionsvorschlag der Lutherischen Liturgischen Konferenz von 1995 weiterzuführen. Zaghaft zeigten sich hier gewisse Öffnungen für ein stärkeres Einbeziehen der heutigen Lebenssituation. Doch auf Grund mangelnder Abstimmung mit anderen, gerade erst abgeschlossenen Reformen an Agende und Gesangbuch kam es nicht einmal zu einer Diskussion des Vorschlags, geschweige denn zu seiner kirchlichen Approbation. Zudem fanden selbst die vorsichtigen Öffnungsversuche kritische Widerrede.[101]

3. Zusammenfassung

Die Lesung von Schriften bei der Zusammenkunft der ersten Christen hatte als Kontext zum einen die synagogalen Schriftlesungen und zum anderen die Sozialform der festlichen Mahlzeiten in der hellenistischen Gesellschaft. Eine Lesung legte sich auf Grund des vermutlichen Analphabetismus vieler Gemeindeglieder nahe. Überzeugend arbeitete Gerhard Kunze verschiedene Verständnisse dieser Lesungen (didaktisches, magisches, pneumatisches Verständnis) sowie unterschiedliche Funktionen (ruhestiftend, symbolisch) heraus. Abgesehen von der ordnenden Funktion zu Beginn der Gemeindezusammenkunft bestimmen diese die gottesdienstlichen Lesungen bis heute, im Einzelnen wohl in unterschiedlicher Ausprägung.

---

101 S. z. B. Corinna Dahlgrün, Dem Zeitgeist widerstehen. Perikopenordnungen und das Ganze der biblischen Botschaft, in: Arbeitsstelle Gottesdienst 18/2 (2004), 64–69, 67 f.

Die Reglementierung der Lesungen vollzog sich parallel zum Ausbau der Amtsstruktur und der Sakralisierung der Gemeindezusammenkünfte. Dabei entwickelten sich – different in den verschiedenen liturgischen Formen – unterschiedliche Modi: die anfangs bei den Episteln selbstverständliche lectio continua, die dann aufkommende lectio semicontinua (Bahnlesung) sowie die Lesung von Perikopen, meist aus den Evangelien. Ansonsten herrschte in der Alten Kirche bei den Schriftlesungen große Pluriformität bezüglich ihrer Zahl und ihrer Länge. Auch begegnen früh nichtbiblische Lesungen.

Im Mittelalter bildeten sich nicht zuletzt auf Grund obrigkeitlicher Maßnahmen Perikopenlisten heraus. Die inhaltliche (bzw. didaktische) Bedeutung der Lesungen trat aber zurück, da sie in lateinischer Sprache vorgetragen wurden.

Erst die Reformatoren entdeckten wieder ihr pädagogisches Potenzial. Dabei übernahm Luther – auch hier konservativ – die als »altkirchlich« geltenden, sich wesentlich der fränkisch-karolingischen Liturgiereform verdankenden Lesungen, obgleich er theologisch die Auswahl der Episteltexte kritisierte. Ebenso wichtig ist, dass Luther die Bedeutung der Predigt für das Gelesene hervorhob. Für die Frühgottesdienste empfahl er die Lesung aus dem Katechismus, also eines nichtbiblischen Textes.

Einen anderen Weg beschritten Zwingli und Calvin. Sie bevorzugten die lectio (semi)continua, um so der Schrift besser gerecht werden zu können. Dadurch trat allerdings der Zusammenhang mit dem Kirchenjahr zurück. Davon unbenommen war die Tatsache, dass auch hier biblische Texte im liturgischen Vollzug selbstverständlich gebraucht wurden, wobei der Psalmengesang besonders hervorzuheben ist.

In der homiletischen Praxis erwies sich in den lutherischen Gemeinden bald die jährliche Wiederkehr der Predigt zu der einen »altkirchlichen« Evangelien-Reihe als beschwerlich. Theologisch wurde die damit verbundene Reduktion der biblischen Inhalte kritisiert. Allerdings stand die sich daraus ergebende Praxis, in den einzelnen Landeskirchen zusätzliche Reihen auszuheben, in Spannung zu den nationalen Einheitsbestrebungen des 19. Jahrhunderts. So vereinheitlichte die Deutsche Evangelische Kirchenkonferenz in Eisenach die Lektionsreihen. Dabei blieben die (sog.) »altkirchlichen« Epistel- und Evangelienreihen bestimmend.

Ein neuer Impuls kam aus dem Umfeld der Berneuchener Bewegung. Deren führende Liturgiker konstruierten in Übereinstimmung mit damals verbreiteten lebensphilosophischen und organologischen Anschauungen ein sachlich kohärentes *Kirchenjahr*. In ihm hatte jeder Sonntag einen besonderen De-tempore-Charakter und war einem Thema zugeordnet. Bei der sich anschließenden Perikopenarbeit orientierten sich die Liturgiker – wiederum – einseitig an der (angenommenen) historischen Dignität.

Erst die vom Zweiten Vaticanum ausgehende grundlegende römisch-katholische Reform verließ die alten Bahnen. Sie eröffnete mit der entschieden pastoralen, also auf die konkreten Menschen konzentrierten Ausrichtung – bei aller berechtigten Kritik gegenüber einzelnen materialen Entscheidungen – einen neuen Begründungszusammenhang für die Erstellung einer Perikopenordnung. Dabei blieb aber die Orientierung an den überkommenen Texten bei den Hochfesten erhalten.

Obwohl sich zahlreiche lutherische und evangelische Kirche vor allem in den USA zumindest der Grundstruktur dieser Reform anschlossen, verharren die Evangelischen Kirchen in Deutschland auf dem spätestens 1876 in Eisenach beschrittenen Weg, wie die Revisionen von 1958 und 1977, aber auch die eingangs genannte Konsultation von 2010 zeigen. Wegen der *einseitigen historischen Orientierung* kommen die konkret den Gottesdienst Feiernden bzw. die große Mehrzahl der ihm konstant Fernbleibenden nicht bzw. kaum in den Blick.

Damit wird aber das wesentliche Anliegen Luthers – und in anderer Weise der Schweizer Reformatoren – verfehlt. Die biblischen Inhalte können so von den Menschen nicht in »Gebrauch« (*usus*)[102] genommen werden. Deshalb muss eine – in Analogie zum Aufbruch des Zweiten Vaticanums stehende – Reformbemühung auf evangelischer Seite bei einer sorgfältigen Analyse des kirchlichen, politischen, kulturellen, gesellschaftlichen und theologischen Kontextes einsetzen, innerhalb dessen in heutigen Gottesdiensten aus der Bibel gelesen wird.

---

102 S. unter Bezug auf Gerhard Ebelings Luther-Interpretation Peter Bloth, Schriftlesung I. Christentum, in: TRE 30 (1999), 520–558, 530.

III. Situationsanalyse:
   Veränderungen

Fraglos gehört Beständigkeit zum rituellen Handeln. Es kann aber, wenn der Kontakt zur gegenwärtigen Kultur verloren geht, anachronistisch werden und damit die Kommunikation des Evangeliums behindern.[103] Angesichts des skizzierten Beharrens auf einer bis in die Karolingerzeit zurückreichenden, meist unter dem dominanten Gesichtspunkt des Bewahrens revidierten Ordnung der gottesdienstlichen Lesungen ist eine Entwicklung in diese Richtung zu befürchten.[104]

Zum Beleg dieser These skizziere ich im Folgenden in fünf Bereichen grundlegende Entwicklungen bzw. Veränderungen der letzten Jahrzehnte, die die Rezeption des im Gottesdienst Gelesenen wohl beeinfluss(t)en. Als Ausgangspunkt wähle ich dabei (meist) die 50er Jahre des 20. Jahrhunderts. Denn hier wurde die bis heute prägende Grundstruktur und inhaltliche Bestimmung der Predigt- und Leseordnung (OPT; s. Kap. II, 2.4) in den evangelischen Kirchen Deutschlands eingeführt. Zwar sind nur exemplarische Hinweise möglich, doch sollen jeweils fünf Beispiele eine gewisse Breite der Argumentation gewährleisten.

---

103 Vgl. die Überlegungen zu »Ritual Change« bei Catherine Bell, Ritual. Perspectives and Dimensions, Oxford 2009 (1997), 210–252.

104 Eine begriffliche Klärung der kaum trennscharf unterscheidbaren Begriffe »Kultur«, »Gesellschaft« usw. unterbleibt. Sie würde erheblichen Umfang erfordern, trägt aber für die Gesamtargumentation nichts aus, die auf den Zusammenhang mit der Lebenswelt gerichtet ist.

1. Kirche

In mehrfacher Hinsicht sind Veränderungen bzw. Konstellationen in den heutigen evangelischen Kirchen in Deutschland zu erkennen, die Auswirkungen bzw. Bedeutung für die Lesungen im Gottesdienst haben.

Ich beginne dabei mit dem Blick auf allgemeine Statistiken und schreite bis zu einer aktuellen kultur- und religionssoziologischen Gegenwartsdeutung voran. Die dabei vorgetragenen exemplarischen Befunde verstärken sich gegenseitig. Sie stellen einen wichtigen Hintergrund für die Frage nach einer angemessenen Gestaltung der gottesdienstlichen Lesungen dar.

1.1 Rückgang der Kirchenmitgliederzahlen

Als die Eisenacher Perikopenrevision beschlossen wurde, war fast jede/r Deutsche Mitglied einer der beiden großen Kirchen, wobei die Mehrzahl evangelischen Bekenntnisses war. Auch Anfang der 50er Jahre des 20. Jahrhunderts gehörten über 95% der Bevölkerung zu einer der beiden großen Kirchen. Die sich im 20. und beginnenden 21. Jahrhundert vollziehenden Veränderungen bei der Kirchenmitgliedschaft sind folgender Übersicht zu entnehmen.[105]

---

105 Sie entstammt Christian Grethlein, Praktische Theologie, Berlin 2012, wobei die Angaben für 2009 durch die neueren von 2010 ersetzt wurden.

Bevölkerung nach Religionszugehörigkeit
(bis 1989 früheres Bundesgebiet, ab 1990 Gesamtdeutschland)

Jahr	Bevölkerung insgesamt	Evangelische	Katholische	Sonstige
1910	33.269.000	51,4 %	46,9 %	1,6 %
1939	40.248.000	48,6 %	46,4 %	5.0 %
1950	50.799.000	51,5 %	44,3 %	4,1 %
1961	56.175.000	51,1 %	44,1 %	4,7 %
1970	60.650.000	49,0 %	44,6 %	6,4 %
1975	61.645.000	44,1 %	43,8 %	12,1 %
1980	61.658.000	42,3 %	43,3 %	14,3 %
1985	61.020.000	41,1 %	43,1 %	15,7 %
1989	62.679.000	40,1 %	42,7 %	17,2 %
1990	79.753.000	36,9 %	35,4 %	27,7 %
1995	81.817.000	34,1 %	33,9 %	32,0 %
2000	82.260.000	32,4 %	32,6 %	35,0 %
2005	82.438.000	30,8 %	31,4 %	37,8 %
2010	81.752.000	29,2 %	30,2 %	40,6 %

Der Religionssoziologie Karl Gabriel rekonstruiert für die Entwicklung der Kirchen (in Westdeutschland) seit den 50er Jahren des 20. Jahrhunderts vier Phasen:[106]

- Von 1949 bis Mitte der 60er Jahre »eine für die Geschichte in Deutschland einmalige Stellung« und fast vollständige Kirchenmitgliedschaft der Bevölkerung;
- von 1965 bis 1975 einen »tiefgreifenden Umbruch«, sichtbar in Form erhöhter Kirchenaustritte und nachlassender Teilnahme am sonntäglichen Gottesdienst;
- ab den 80er Jahren eine gewisse Stabilisierung vor allem hinsichtlich volkskirchlicher Strukturen, etwa in Form der Teilnahme an Taufen, Trauungen und Bestattungen;

---

106 S. zum Folgenden Karl Gabriel, Die Kirchen in Westdeutschland: Ein asymmetrischer religiöser Pluralismus, in: Bertelsmann Stiftung (Hrsg.), Woran glaubt die Welt? Analysen und Kommentare zum Religionsmonitor 2008, Gütersloh 2009, 99–124, 99–102.

> – in den Jahren nach der Vereinigung Deutschlands eine hohe
> Austrittswelle, zugleich ein Ansteigen von Wiedereintritten.
> Beides weist auf eine Lockerung der Bindung an die Kirchen
> und einen Rückgang der Zustimmung zu ihren Lehren hin.

Besondere Verhältnisse herrschen nach wie vor in Ostdeutschland. Hier dominiert »religiöse Indifferenz«.[107] Allerdings gibt es erste Anzeichen, dass sich jüngere Menschen für religiöse Fragen öffnen[108] und an elementaren Erstinformationen zu Religion und christlichem Glauben interessiert sind.

Für die Schriftlesung bedeuten diese Befunde: Es kann heute nicht mehr von einer allgemeinen Bekanntheit biblischer Inhalte ausgegangen werden. »Die« Schrift besitzt nur bei einem Teil der in Deutschland lebenden Menschen eine besondere Autorität. In der Bibeldidaktik, also der Theorie des Umgangs mit der Bibel in Lehr- und Lernprozessen, wird diese Situation reflektiert. Insofern ist ein Seitenblick auf sie hilfreich (s. auch Kap. V, 2.1). Wichtige Forschungsergebnisse zusammenfassend konstatiert der (katholische) Religionspädagoge Burkhard Porzelt:

> »Um von den Schüler/innen lebensbedeutsam interpretiert werden zu können, dürfen biblische Texte in aller Regel nicht für sich stehen bleiben. Das mediale Spektrum des Religionsunterrichts muss sich somit öffnen und weiten hin zu einer umfänglichen Intertextualität, die über den biblischen Kanon und dessen Wirkungsgeschichte bis in die heutige Lebenswelt der Schüler/innen hineinreicht.«[109]

---

107 S. Matthias Petzoldt, Zur religiösen Lage im Osten Deutschlands, in: Bertelsmann Stiftung (Hrsg.), Woran glaubt die Welt? Analysen und Kommentare zum Religionsmonitor 2008, Gütersloh 2009, 125–150, 135–140.

108 S. genauer Monika Wohlrab-Sahr/Uta Kerstein/Thomas Schmidt-Lux, Religiöser Wandel und Generationendynamik im Osten Deutschlands, Frankfurt 2009, 225–261.

109 Burkhard Porzelt, Grundlinien biblischer Didaktik, Bad Heilbrunn 2012, 148.

1.2 Veränderungen im Kirchgang

Die Situation der Gottesdienstfeier ist in Deutschland erheblich komplexer als die aus wenigen sog. Zählsonntagen gewonnene Statistik zeigt: Demnach liegt der Anteil der am *Sonntagsgottesdienst* außerhalb der Festzeiten Teilnehmenden gemessen an der Gesamtzahl der evangelischen Kirchenmitglieder mittlerweile (2010) bei etwa 3,5 % (Zählsonntag: Invokavit). 1963, das erste Jahr für das in etwa methodisch vergleichbare Daten vorliegen, waren es etwa 7 %, 1995 bereits nur noch 4,8 %.

Anders sieht die Situation dagegen vor allem am *Heiligabend* aus. An diesem Tag wurden 1975 etwa 5,6 Millionen Menschen in evangelischen Kirchen gezählt, was einem Anteil von 20,8 % der damaligen Kirchenmitglieder entsprach. 2010 dagegen fanden am Heiligabend fast acht Millionen Menschen den Weg in eine evangelische Kirche, was 33 % der (inzwischen verminderten Zahl der) Kirchenmitglieder entspricht.[111]

Auf dem Hintergrund solcher Veränderungen formulierte Gerhard Rau bereits 1977 seine *These vom »Festtagskirchgänger«.* Diesen stellt er als ein Kirchenmitglied vor, »das auf der Zeitebene des Jahres einen Kontakt zum Kultursystem Kirche findet unter Umgehung aller Ansprüche des Sozialsystems Kirche auf direkte Sozialkontakte«[112]. Peter Cornehl

---

110 S. Christian Grethlein, Grundfragen der Liturgik. Ein Studienbuch zur zeitgemäßen Gottesdienstgestaltung, Gütersloh 2001, 27.

111 Allerdings ist gegenüber dem Vorjahr (2009) ein leichter Rückgang zu konstatieren (8,9 Millionen, die 36,3% der Kirchenmitglieder entsprachen).

112 Gerhard Rau, Rehabilitation des Festtagskirchgängers, in: Manfred Seitz/Lutz Mohaupt (Hrsg.), Gottesdienst und öffentliche Meinung. Kommentare und Untersuchungen zur Gottesdienstumfrage der VELKD, Stuttgart 1977, 83–99, 98.

nahm diese These auf und arbeitete den Biographiebezug als grundlegend für die liturgische Teilnahme heraus.[113]

Diese Vermutungen werden durch die letzte EKD-Mitgliedschaftsumfrage bestätigt und hinsichtlich der seit der politischen Vereinigung neu ins Blickfeld tretenden Gruppe der Konfessionslosen erweitert. Es wurde (2002) repräsentativ gefragt: »Wie häufig gehen Sie in die Kirche bzw. besuchen Sie Gottesdienste?«[114]

Häufigkeit in %	Evangelisch Westdtl.	Evangelisch Ostdtl.	Konfessionslos Westdtl.	Konfessionslos Ostdtl.
jeden oder fast jeden Sonntag	10	16	0	0
ein- bis zweimal im Monat	13	12	1	0
mehrmals im Jahr	35	37	5	5
einmal im Jahr oder seltener	27	23	25	20
Nie	15	12	69	75

Demnach nehmen also – nach eigener Einschätzung[115] – 85 % (bzw. in Ostdeutschland 88 %) der Evangelischen und im-

---

113 Peter Cornehl, Teilnahme am Gottesdienst. Zur Logik des Kirchgangs – Befund und Konsequenzen, in: Joachim Matthes (Hrsg.), Kirchenmitgliedschaft im Wandel. Untersuchungen zur Realität der Volkskirche. Beiträge zur zweiten EKD-Umfrage »Was wird aus der Kirche?«, Gütersloh 1990, 15–53.

114 Wolfgang Huber/Johannes Friedrich/Peter Steinacker (Hrsg.), Kirche in der Vielfalt der Lebensbezüge. Die vierte EKD-Erhebung über Kirchenmitgliedschaft, Gütersloh 2006, 453.

115 Dass die meisten Menschen für sich eine häufigere Teilnahme an Gottesdiensten angeben als sich aus der kirchenamtlichen Statistik ergibt, wird

merhin fast ein Drittel (bzw. im Osten ein Viertel) der Konfessionslosen an Gottesdiensten teil, allerdings mehrheitlich in einem größeren, mindestens mehrere Monate umfassenden Abstand.

Dieser Rhythmus orientiert sich erwartbarerweise am Festtagskalender und an familiären Anlässen, wie aus folgenden Daten derselben Untersuchung hervorgeht. Diejenigen, die bei der eben zitierten Befragung »mehrmals im Jahr« bzw. »seltener« angegeben hatten, antworteten auf die Frage »Gibt es besondere Anlässe, zu denen Sie einen Gottesdienst besuchen?« (in %):

	Evangelisch Westdtl.	Evangelisch Ostdtl.	Konfessionslos Westdtl.	Konfessionslos Ostdtl.
zu hohen kirchlichen Feiertagen*	81	91	49	75
zu besonderen familiären Anlässen**	95	85	92	55
zu ganz besonderen Gottesdiensten ***	24	26	9	11
am Urlaubsort	10	12	6	19

(* wie Ostern und Weihnachten; ** wie Taufe, Konfirmation, Hochzeit und Beerdigung; *** wie z. B. Gottesdienste im Grünen, Gottesdienste zur Frauen-Thematik, Musikgottesdienste)

seit Längerem beobachtet (zu einer möglichen Interpretation s. Hans-Hermann Pompe, Gottesdienst: Der sonntägliche Normalfall und seine Ergänzungen, in: Jan Hermelink/Thorsten Latzel [Hrsg.], Kirche empirisch. Ein Werkbuch zur vierten EKD-Erhebung über Kirchenmitgliedschaft und zu anderen empirischen Studien, Gütersloh 2008, 153-174, 158).

Der (katholische) Religionssoziologe Michael Ebertz erklärt solche Befunde mit der *Unterscheidung zwischen einseitigen und zweiseitigen liturgischen Handlungen*:

> »Während die Funktionsträger der Kirchen ihre Erwartungen gegenüber den Kirchenmitgliedern vor allem auf deren Befolgung ekklesiastischer Kriterien und Normen richten und etwa am sonntäglichen Kirchgang messen, konzentrieren sich die Erwartungen der Mehrheit der übrigen Kirchenmitglieder um den Gesichtspunkt, ob die kirchlichen Deutungsschemata und symbolischen Handlungen ihnen helfen, zu verstehen und selbst verstanden zu werden, ob sie ihnen helfen, ihre Interaktionen fortzuführen und ihre jeweilige Lebenssituation zu bestehen, symbolisch zu markieren und festlich zu begehen, und zwar unabhängig von sonstigen kirchlichen Bedingungen ...«[116]

In dieser Situation relativiert sich die Bedeutung der Predigt- und Lesereihen. Die große Mehrheit der Kirchenmitglieder bekommt von den entsprechenden Ordnungen und ihrer Intention, im Lauf der Jahre möglichst vielfältige biblische Texte zu präsentieren, nichts mit. Von daher betreffen gutgemeinte Vorhaben wie »daß den Gläubigen der Tisch des Gotteswortes reicher bereitet werde« (SC 35; s. 2.2.5)[117] nur einen kleinen Teil der Kirchenmitglieder. Umgekehrt gewinnt der einzelne Gottesdienst an Gewicht, insofern die Teilnahme an ihm häufig erst etliche Monate später eine Fortsetzung findet.

---

116 Michael Ebertz, Einseitige und zweiseitige liturgische Handlungen – Gottes-Dienst in der entfalteten Moderne, in: Benedikt Kranemann/Eduard Nagel/Elmar Nübold (Hrsg.), Heute Gott feiern. Liturgiefähigkeit des Menschen und Menschenfähigkeit der Liturgie, Freiburg 1999,14–38, 27.

117 In der römisch-katholischen Kirche ist zwar der sonntägliche Mess-Besuch noch höher, aber mittlerweile auch – von gut 50 % in den 50er Jahren des 20. Jahrhunderts – auf etwa 12 % gesunken, mit weiter fallender Tendenz.

Ebenso nachdenklich macht das Gewicht von Festzeiten und familiären Anlässen für die liturgische Praxis der meisten Evangelischen. Es ist zu überlegen, was der damit gegebene Biographiebezug für die Rezeption und damit wenigstens indirekt die Auswahl biblischer Lesungen und deren Auslegung sowie damit auch für das Profil der Festzeiten und Kasualien bedeutet.

1.3 Kritik am Gottesdienst

Die Tatsache, dass nur noch ein kleiner Teil der Menschen (und auch Kirchenmitglieder) sonntags den Weg in den Gottesdienst findet, erklärt Hans-Hermann Pompe in einer Auswertung diesbezüglicher empirischer Befunde durch die historische Abständigkeit vieler liturgischer Elemente:

> »Wir laden zum Gottesdienst ein mit den Medien des Frühmittelalters (Glocken) und feiern ihn mit Musikinstrumenten des Mittelalters (Orgel). Die Predigttradition basiert im 16. Jahrhundert, prägende Lieder entstammen dem 17. Jahrhundert. Laienbeteiligung ist häufig auf dem Stand des 18. Jahrhunderts stehen geblieben, liturgische Sprache spiegelt Entscheidungen des 19. Jahrhunderts. Oft genug treffen wir uns in den ungastlichen Betonbauten des 20. Jahrhunderts. Kein Wunder, dass solche Gottesdienste Menschen des 21. Jahrhunderts nur schwer ansprechen.«[118]

Unschwer könnte man diese pointierte Analyse durch einen Hinweis auf die Perikopenordnung ergänzen. Sie reicht bis in die Karolingerzeit zurück und hat dann nur kleinere Revisionen und Ergänzungen erfahren, im 20. Jahrhundert vor allem

---

118 Hans-Hermann Pompe, Gottesdienst: Der sonntägliche Normalfall und seine Ergänzungen, in: Jan Hermelink/Thorsten Latzel (Hrsg.), Kirche empirisch. Ein Werkbuch zur vierten EKD-Erhebung über Kirchenmitgliedschaft und zu anderen empirischen Studien, Gütersloh 2008, 153–174, 154 f.

durch den (elitären) Berneuchener Kreis. – Demnach dominiert der Traditionsbezug nicht nur bei der Gestaltung der Lese- und Predigtordnung.

Aufschlussreich ist in diesem Zusammenhang ein Blick in eine unlängst durchgeführte Befragung von *Konfirmanden*. Interesse verdient sie nicht zuletzt deshalb, weil nach wie vor in vielen evangelischen Gemeinden die – zum Gottesdienstbesuch verpflichteten – Konfirmanden neben den älteren (meist weiblichen) Gemeindegliedern die zweite größere Teilnehmergruppe bilden. Wenn man berücksichtigt, dass die Konfirmanden in der Regel ein bis zwei Jahrgängen entstammen, dürfte die Gruppe dieser Jugendlichen mit Abstand die höchste Teilnehmerquote von allen Jahrgängen haben.[119]

Den Hintergrund der konkreten Befunde zur Einstellung zum Gottesdienst bietet insgesamt eine recht hohe Zufriedenheit mit der Konfirmandenzeit. Nur in drei Bereichen sinkt diese unter 50 %: bei den behandelten Themen, den Gottesdiensten und den Andachten.[120] Dabei kommt offenkundig der Möglichkeit bzw. Unmöglichkeit zur aktiven jugendgemäßen Beteiligung am Gottesdienst entscheidende Bedeutung zu. Bei der Frage nach der Zufriedenheit mit dem Gottesdienst wurde nämlich zwischen den Jugendlichen differenziert, die die beiden Vorgaben »habe ich jugendgemäße Gottesdienste erlebt« und »habe ich Gottesdienste mit vorbereitet« verneinten (1. Gruppe) bzw. bejahten (2. Gruppe). Es ergab sich folgendes Ergebnis auf einer siebenstufigen Skala (zwischen 1 = ganz unzufrieden und 7 = total zufrieden):[121]

---

119 Wolfgang Ilg/Friedrich Schweitzer/Volker Elsenbast, Konfirmandenarbeit in Deutschland. Empirische Einblicke – Herausforderungen – Perspektiven (Konfirmandenarbeit erforschen und gestalten 3), Gütersloh 2009, 145.

120 S. a. a. O., 70.

	1	2	3	4	5	6	7
Gruppe 1 (keine Beteiligung)	13	15	20	24	15	9	3
Gruppe 2 (mit Beteiligung)	3	5	11	19	28	24	11

Die Beteiligungsmöglichkeit und die Einbeziehung unter Jugendlichen üblicher Kommunikationsformen sind wichtige Faktoren für die Attraktivität von Gottesdiensten für Jugendliche. Dagegen stehen starre, ihnen nicht zur Disposition stehende Ordnungen – wie etwa die übliche Lese- und Predigtordnung. Dass bei Lesungen handfeste Kommunikationsprobleme auftreten, ist unübersehbar:

> »Die Epistel für Rogate steht bei ...‹ kommuniziert ... indirekt und setzt zudem viele Kenntnisse voraus, die alle beschämen muss, die nicht wissen, dass nun eine Lesung folgt, was eine Epistel ist bzw. dass dieser Sonntag Rogate heißt.«[122]

Neben den Voraussetzungen einer solchen Ansage ist vor allem ihre unpersönliche Indirektheit problematisch. Sprechakte, die Interesse wecken wollen, müssen persönlich adressiert, also in Form direkter Anrede gestaltet sein.[123] Allerdings muss der Inhalt, also die biblische Lesung, eine solche Anrede rechtfertigen. Historische Dignität ist dabei kein Kriterium.

---

121 A. a. O., 143

122 Sönke von Stemm/Karlo Meyer, Gottesdienste, in: Thomas Böhme-Lischewski u. a. (Hrsg.), Konfirmandenarbeit gestalten. Perspektiven und Impulse für die Praxis aus der bundesweiten Studie zur Konfirmandenarbeit in Deutschland (Konfirmandenarbeit erforschen und gestalten 5), Gütersloh 2010, 80–89, 87.

123 A. a. O., 86.

Es ist in diesem Zusammenhang interessant, dass im frühen Mittelalter für Lektionen aus den Paulusbriefen die Anrede *fratres*, bei Lesungen aus den katholischen Briefen *carissimi* üblich war (s. u. 3.5).[124]

1.4 Rückgang der Bedeutung von Konfessionalität

Christsein ist in Deutschland nach wie vor weitgehend in Form von großen Konfessionskirchen organisiert.[125] Deren Leseordnungen unterscheiden sich spätestens seit Erscheinen der OLM 1969 und dem Beharren der deutschen evangelischen Kirchen auf den beiden »alten« Reihen (und den daraus abgeleiteten). Dagegen spielt in Einstellung und Verhalten der Menschen die Konfessionsdifferenz zunehmend eine geringere Rolle. – So ergab die qualitative Untersuchung zur religiösen Kommunikation im Rahmen des Religionsmonitors 2008:

> »Fast unabhängig davon, ob den Interviewpartnern religiöse Praxis geläufig ist oder nicht, ob Religiöses für sie zentral ist oder nicht, lässt sich feststellen, dass sich die erzählten und berichteten Formen von Religiosität in nur sehr seltenen Fällen jenen eindeutigen konfessionellen bzw. (welt-)religiösen Typen fügen, wie man dies womöglich erwarten oder annehmen sollte.«[126]

Auch tritt die konfessionelle Differenz, die das liturgische Leben prägt, zunehmend zurück. Im Raum der Schule als dem

---

124 Balthasar Fischer, Formen der Verkündigung, in: GdK 3 (1987), 77–96, 82.

125 2010 gab es darüber hinaus 330.274 Angehörige evangelischer Freikirchen, 1.268.500 orthodoxe Christen und 33.274 Angehörige andere zur ACK gehörigen Religionsgemeinschaften.

126 Armin Nassehi, Religiöse Kommunikation: Religionssoziologische Konsequenzen einer qualitativen Untersuchung, in: Bertelsmann Stiftung (Hrsg.), Woran glaubt die Welt? Analysen und Kommentare zum Religionsmonitor 2008, Gütersloh 2009, 169–203, 179.

Bereich, wo heute in Religionsunterricht und Schulgottesdiensten das Evangelium am häufigsten explizit kommuniziert wird, sind in mehrfacher Hinsicht konfessionelle
Kooperationen oder ökumenische Aktivitäten zu beobachten.
Nicht selten – in berufsbildenden Schulen und Förderschulen
wohl fast durchgehend, aber auch oft in Grundschulen – wird
der Klassenunterricht der konfessionellen Differenzierung
von Lerngruppen vorgezogen. Und an wichtigen Übergängen
im Schulleben finden ökumenische und zunehmend multi-
kulturelle Feiern statt.

Ähnliches scheint auf der Rezipientenseite für die ZDF-
Fernsehgottesdienste zu gelten.[127] Zwar werden die einzelnen Gottesdienste von den unterschiedlichen Konfessionen
verantwortet, denen in der Regel ebenfalls die Akteure angehören, doch feiern an den Bildschirmen (meist ältere) Menschen unterschiedlicher Konfession diese Gottesdienste
mit. Die konfessionellen Differenzen in den Lese- und Predigtordnungen bestehen zwar weiter, insofern Gottesdienste
aus konkreten Kirchengemeinden übertragen werden. Doch
scheint dies weder aufzufallen noch zu stören. Ähnliches
dürfte, ohne dass ich dazu empirische Erhebungen kenne,
z. B. für Morgenandachten im Rundfunk zutreffen.

Von hieraus relativiert sich die Bedeutung der konkreten
Lese- und Predigtordnungen in den einzelnen Partikular-
kirchen. Denn zunehmend partizipieren Evangelische an katholischen Gottesdiensten und umgekehrt, z. B. in Form von
Fernseh- und Rundfunkgottesdiensten.

---

127 S. Charlotte Magin/Helmut Schwier, Kanzel, Kreuz und Kamera. Impulse
    für Gottesdienst und Predigt (Beiträge zu Liturgie und Spiritualität 12),
    Leipzig 2005, 85–88.

1.5 Religiöse Pluralisierung

Der Kultursoziologe Armin Nassehi macht in seiner bereits zitierten qualitativen Studie zur religiösen Kommunikation in der Gegenwart auf eine fortgeschrittene *Individualisierung von Religion* aufmerksam, die auch die Kirchenmitglieder prägt. Dabei versteht er – in Nachfolge von Niklas Luhmann – Religion nicht als ein Personenmerkmal, sondern als eine Sinnform, in der Welt beobachtet wird.[128] Dies kommt z. B. in folgendem Ausschnitt aus einem Interview mit einem Probanden anschaulich zum Ausdruck:

> »Täglich mache ich Erfahrungen und sammle Eindrücke, zum Beispiel, dass man denkt: Warum passiert das jetzt, das kann kein Zufall sein. Es gibt keinen Zufall, es ist alles vorbestimmt. Allerdings nur im privaten Bereich, im gesellschaftlichen Bereich, nicht im politischen. Zum Beispiel ist etwas passiert, was ich in der Vergangenheit für schlecht gehalten hatte, mit dem zweiten Blick stellt es sich als gut heraus, oder umgekehrt. Alles macht Sinn. Das eine ist die eigene Empfindung, das andere ist das Große, der Sinn. Alles, was man tut, hält man in dem Moment für gut. Am Schluss muss man Rechenschaft ablegen und sich verantworten. Ich entscheide, ob ich ja oder nein sage, habe einen Spielraum. Es ist nicht alles Schicksal, es gibt noch andere Kleinigkeiten. Ich kann mich auch für den falschen Weg entscheiden. Ich habe das Gewissen, das ist wie der Kompass, mit dem ich entscheide im Kleinen. Im Großen kann ich nichts verändern.«[129]

Hier und in anderen Interviews fällt die starke Orientierung des religiösen Ausdrucks am eigenen Erleben auf. Demgegenüber treten Kirchenmitgliedschaft oder konfessionell bestimmte Praxis zurück.[130] Dazu begegnet eine an herkömmlichen theologischen Vorstellungen gemessene *Inkonsistenz vieler Äußerungen*. Es werden »christliche und esoterische,

---

128 Nassehi, a. a. O., 173.
129 Zitiert a. a. O., 175.
130 S. a. a. O., 181.

buddhistische und animistische Formen miteinander«[131] kombiniert. Nassehi vermutet dahinter ein »Fernsehformat«:

> »Womöglich wird das Fernsehen bis heute unterschätzt – denn es scheint nicht nur Bilder zu vermitteln, sondern vor allem unterschiedliche Bilder. Fernsehformate gewöhnen an Inkonsistenzen. Sie zeigen Unterschiedliches – und machen doch alles miteinander kommensurabel.«[132]

Für die Perikopenfrage ist dieser Befund in mehrfacher Hinsicht interessant:

Er relativiert die Forderung der Konsonanz für gottesdienstliche Lesungen. Hinter diesem Kriterium scheint eine Kohärenz-Forderung zu stehen, die für viele Menschen im Bereich der Daseins- und Wertorientierung nicht gilt. Kohärenz wird vielmehr durch den Bezug auf die eigene Person bzw. Biographie hergestellt. Die Orientierung von Religion an der authentischen Repräsentation, nicht an kirchlichen Vorgaben o. Ä., beobachtet Nassehi vor allem bei sog. »Hochreligiösen«,[133] also Menschen, für die die Religionsthematik in ihrem Leben wichtig ist. Schließlich weist der Soziologe auf die Bedeutung der allgemeinen Mediennutzung für die Kommunikation hin, und damit auch für das Hören von Lesungen (und Predigt). Er vermutet eine formale und inhaltliche Prägung des Umgangs mit Wirklichkeit durch das Fernsehen – und damit auch für das Hören biblischer Lesungen im Gottesdienst.

1.6 Zusammenfassung

Die Veränderungen in der Kirchenmitgliedschaft, besonders ausgeprägt im Osten Deutschlands, erhöhen die Wahrschein-

---

131 A. a. O., 184 f.
132 A. a. O., 187.
133 A. a. O., 188.

lichkeit, dass Menschen ohne Kenntnisse der Bibel an einem Gottesdienst teilnehmen. Dies gilt insbesondere für Festtage und Kasualgottesdienste, wobei aus der Perspektive von Teilnehmenden grundsätzlich jeder Gottesdienst kasuellen Charakter bekommen kann (z. B. durch die in eine Fürbitte mündende Abkündigung des Todes eines ihnen vertrauten Menschen). Auch ist nicht allgemein davon auszugehen, dass der Bibel von vornherein eine besondere Bedeutung zuerkannt wird.

Dies erfordert im Gottesdienst einen elementareren Zugang zu biblischen Texten (s. genauer 5.2), als dies in der bestehenden sechsreihigen Perikopenordnung zum Ausdruck kommt.

Inhaltlich sind besonders die Individualisierung (auch) religiöser Kommunikation und die daraus resultierende Bedeutung des Bezugs auf die jeweilige Biographie zu beachten. Die Attraktivität von Beteiligung am liturgischen Geschehen stellt ebenso wie die Erwartung direkter Ansprache neue Herausforderungen für die Auswahl und Inszenierung gottesdienstlicher Lesungen dar.

Dabei ergeben sich aus der üblichen medialen Kommunikation neue Anforderungen, die durch Rückgriff auf die Tradition nicht erfasst, geschweige denn bearbeitet werden können.

Schließlich herrscht durch die Auflösung konfessioneller Milieus bereits heute eine große Pluriformität von Lese- und Predigtordnungen, insofern römisch-katholische OLM und (deutsche) evangelische OPT grundsätzlich differieren. Die im Winterhalbjahr bis zu eine Million Menschen umfassende Gemeinde der ZDF-Fernsehgottesdienste partizipiert durch den wöchentlichen Wechsel in der kirchlichen Verantwortung dieser Sendung an beiden Ordnungen.

2. POLITIK

Die politische – und damit untrennbar verbunden: rechtliche
und ökonomische – Situation hat sich seit dem Ende des
Zweiten Weltkriegs in vielfacher Hinsicht verändert, auch in
Deutschland. Dies kann im Folgenden nur an wenigen Beispielen verdeutlicht werden. Es ist aber wichtig, daran zu
erinnern, weil die liturgische Entwicklung scheinbar ohne
Bezug hierauf voranschritt (bzw. stagnierte) und die litur-
giewissenschaftliche Reflexion den entsprechenden Kontext
ausblendet(e).

Ich beginne mit einem allgemeinen Blick auf die vielfältigen Formen der internationalen Einbindung Deutschlands
und einem Hinweis auf dessen politische Vereinigung, dem
zweiten einschneidenden politischen Ereignis nach dem
Zweiten Weltkrieg. An zwei Beispielen aus der rechtlichen
Entwicklung mache ich auf damit verbundene grundsätzliche Anfragen an das Schriftverständnis aufmerksam. Schließlich weise ich auf Veränderungen in der Curriculum-Kon-
struktion in den öffentlichen Schulen hin, die der allgemeinen Pluralisierung Rechnung tragen sollen. Sie enthalten
strukturell Innovationspotenzial auch für die grundsätzliche
Frage nach der Berechtigung bzw. der Erstellung von Perikopenordnungen.

2.1 Europäisierung und Internationalisierung Deutschlands

Nach der »Stunde Null« im Mai 1945 war spätestens 1949 die
politische Westorientierung der Bundesrepublik eindeutig.[134]
Sie öffnete Deutschland weit für unterschiedlichste Einflüsse

---

134 S. genauer Ulrich Wehler, Deutsche Gesellschaftsgeschichte Bd. 5. Bundesrepublik und DDR 1949–1990, München 2008, 246.

vor allem aus den USA. Im Pariser Vertrag von 1954 wurden
u. a. der Beitritt zur Westeuropäischen Union (WEU) und
zum Militärbündnis der North Atlantic Treaty Organisation
(NATO) beschlossen. Ökonomisch wichtig waren die Römischen Verträge (1957), mit denen die Europäische Wirtschafts-
gemeinschaft (EWG) ins Leben gerufen wurde.[135] Die hier initiierte Wirtschaftsunion führte zu einem ökonomischen
Aufschwung Deutschlands, der auch das Anwerben von aus-
ländischen Arbeitskräften nach sich zog.

Ulrich Wehler weist in seiner gesellschaftshistorischen
Analyse Deutschlands auf folgendes weithin übersehenes
Faktum hin: »Im Gesamteffekt weist die Bundesrepublik zwischen 1950 und 2000 (in relativer Größenordnung) die welt-
weit höchsten Zuwanderungsraten auf. Um 1990 besaß sie
(erneut relativ) mehr im Ausland geborene Einwohner als die
USA.«[136] Im Grunde sind drei bzw. vier große Immigrations-
wellen seit dem Ende des Zweiten Weltkriegs zu verzeichnen:
Die Ansiedelung der Flüchtlinge und Vertriebenen aus den
Ostgebieten des vergangenen Reichs – »1960 bestand die west-
deutsche Bevölkerung zu rund einem Viertel« aus ihnen;[137]
der Zuzug von Arbeitsimmigranten im Zuge der wirtschaft-
lichen Expansion; nach dem Zusammenbruch des Sowjet-Im-
periums die Übersiedelung vor allem aus Russland – von 1991
bis 1998 immerhin zwei Millionen sog. »Spätaussiedler«[138];
daneben und dazu traten Asylbewerber und Bürgerkriegs-
flüchtlinge aus anderen Regionen – ebenfalls in Millionen-
zahl.

---

135 S. a. a. O., 70 f.
136 A. a. O., 34.
137 A. a. O., 35
138 A. a. O., 43.

Als Ergebnis hiervon ist etwa jeder fünfte gegenwärtig in Deutschland Lebende nicht in diesem Land geboren; jedes dritte Kind unter fünf Jahren entstammt einer Zuwanderer-familie.[139] Insgesamt stammen etwa 80 % aller Zuwanderer nach Deutschland aus Europa (einschließlich Türkei und Russische Föderation). Die wichtigsten Herkunftsländer sind:[140]

Land	Anteil	Durchschnittsalter	Durchschnitts-aufenthaltsdauer
Türkei	24,8 %	37,3 Jahre	23,3 Jahre
Italien	7,7 %	41,6 Jahre	27,3 Jahre
Polen	6,0 %	37,3 Jahre	9,7 Jahre
Griechenland	4,2 %	42,7 Jahre	26,6 Jahre
Russ. Föderation	2,8 %	37,6 Jahre	8,1 Jahre

Hinzu kommen 12,2 % (Durchschnittsalter 33,5 Jahre; Durchschnittsaufenthaltsdauer 10,2 Jahre) Menschen aus Asien und 4,0 % Menschen aus Afrika (Durchschnittsalter 33,4; Durchschnittsaufenthaltsdauer 11,8 Jahre).

Diese Herkunftsländer erklären vielleicht, warum in den deutschen evangelischen Kirchen – abgesehen von ihrem erheblichen diakonischen Engagement – diese weitreichenden Veränderungsprozesse kaum und bei der Perikopenordnung keine Beachtung fanden. Die meisten Immigranten stammen aus Ländern, in denen nur wenige evangelische Christen leben.

Erst im Zuge des kirchlichen Europäisierungsprozesses, wie er sich theologisch in der Leuenberger Konkordie von 1973

---

139 S. Christian Grethlein, Praktische Theologie, Berlin 2012, 221.
140 Nach den Daten des Statistischen Jahrbuchs 2010 (52) zusammengestellt, a. a. O., 221.

und dem daraus resultierenden Zusammenschluss der Leuenberger Kirchengemeinschaft, ab 2003 *Gemeinschaft Evangelischer Kirchen in Europa* (GEKE) äußerte, treten die eben
skizzierten Veränderungen langsam in das Blickfeld der Liturgiker. Denn Grundlage und Kernstück der mittlerweile
über 100 Kirchen umfassenden GEKE ist die Kanzel- und
Abendmahlsgemeinschaft; damit sind auch die Ordnungen
der Lesungen und Predigttexte in diesen Prozess involviert.
Die große Pluriformität der hier herrschenden Regelungen
hat Florian Herrmann übersichtlich und differenziert zusammengestellt.[141] Pointiert wirft der Liturgiebeauftragte
der GEKE, Peter Bukowski, vor diesem Hintergrund in die
hiervon sonst nicht berührte Diskussion zur neuen Perikopenrevision ein:

> »Es kann jedenfalls nicht sein, dass wir uns in Deutschland an die
> Perikopenrevision heranmachen ›etsi GEKE non daretur‹ Alle ...
> Signatarkirchen der GEKE ... können aus der Selbstverpflichtung zur
> größtmöglichen Gemeinschaft gerade im Blick auf das Herzstück die-
> ser Gemeinschaft, den Gottesdienst, nicht entlassen werden.«[142]

Dazu tritt die noch an anderer Stelle zu diskutierende Frage,
was die wachsende Zahl von Muslimen mit ihrer Verehrung
des Korans für die gottesdienstlichen Lesungen inhaltlich
und inszenatorisch bedeutet (s. Kap. V, 4.2).

---

141 Florian Herrmann, Leseordnungen in der Gemeinschaft Evangelischer
Kirchen in Europa, in: Kirchenamt der EKD/Amt der UEK/Amt der VELKD
(Hrsg.), Auf dem Weg zur Perikopenrevision. Dokumentation einer wis-
senschaftlichen Fachtagung, Hannover 2010, 185–197.

142 Peter Bukowski, Die Perikopenrevision als Frage an die GEKE, in: Kirchen-
amt der EKD/Amt der UEK/Amt der VELKD (Hrsg.), Auf dem Weg zur
Perikopenrevision. Dokumentation einer wissenschaftlichen Fachtagung,
Hannover 2010, 179–183, 182.

2.2 Deutsche Vereinigung

Wie bereits bei der Skizze zur Veränderung der Kirchenmitgliedschaft (in Kap. III, 1.1) angedeutet, stellt die 1990 vollzo-
gene politische Vereinigung Deutschlands in religiös-kirchli-
cher Hinsicht eine Zäsur dar. Bis dahin gehörte die große
Mehrheit der in der Bundesrepublik Lebenden ebenso selbstverständlich zu einer christlichen Kirche, wie das Christentum selbst als Teil der allgemeinen Kultur galt. Beides traf
und trifft für die beigetretenen sog. neuen Bundesländer
nicht zu. Zwar unterschieden sich kulturelle Prägungen in
beiden Teilen Deutschlands auch sonst;[143] doch war und blieb
die Kluft hinsichtlich der kirchlichen und religiösen Einstellungen in der Bevölkerung am größten.[144] Jan Hermelink fasst einschlägige Befunde pointiert zusammen:

>»Die Wahrnehmung von Religion und Kirche, sowie die Einstellung
zu kirchlicher Mitgliedschaft sind zunächst von der Differenz zweier
unterschiedlicher ›Religionskulturen‹ in Ost- und Westdeutschland
geprägt. Vierzig Jahre einer religions-, streckenweise auch kirchen-
feindlichen Gesellschaftspolitik haben christliche Religion in Ostdeutschland zu einem Minderheitenphänomen gemacht; Konfessionslosigkeit ist hier – z. T. bereits in der dritten Generation – selbstverständlicher, meist religionsindifferenter Normalfall«.[145]

---

143 S. z. B. die detaillierten Analysen in: Werner Weidenfeld/Karl-Rudolf Korte
(Hrsg.), Handbuch zur deutschen Einheit, Bonn 1993 (1994).

144 S. zu genaueren Befunden und verschiedenen Interpretationsversuchen
Matthias Petzoldt, Zur religiösen Lage im Osten Deutschlands: Sozialwis-
senschaftliche und theologische Interpretationen, in: Bertelsmann Stiftung (Hrsg.), Woran glaubt die Welt? Analysen und Kommentare zum
Religionsmonitor 2008, Gütersloh 2009, 125–150.

145 Jan Hermelink, Die Vielfalt der Mitgliedschaftsverhältnisse und die pre-
kären Chancen der kirchlichen Organisation. Ein praktisch-theologischer
Ausblick, in: Wolfgang Huber/Johannes Friedrich/Peter Steinacker (Hrsg.),
Kirche in der Vielfalt der Lebensbezüge. Die vierte EKD-Erhebung über
Kirchenmitgliedschaft, Gütersloh 2006, 417–435, 425.

Zwar scheint sich vor allem bei jüngeren Menschen allmählich eine Öffnung für religiöse Fragen abzuzeichnen, doch gilt wohl für die meisten Ostdeutschen, dass sie vergessen haben, dass sie Gott vergaßen.[146]

Soweit ich sehen kann, wurden die sich daraus ergebenden grundlegenden Herausforderungen für die Praktische Theologie nicht in der Liturgik, sondern in organisatorischer Hinsicht in der Kirchentheorie und in ihrer inhaltlichen Dimension in der Religionspädagogik[147] diskutiert. Letztere ist in unserem Zusammenhang von besonderem Interesse, da pädagogisches Handeln es – wie liturgisches – wesentlich mit Rezeptionsprozessen zu tun hat.

Die beiden in Ostdeutschland führenden Religionspädagogen Michael Domsgen (Halle/S.) und Helmut Hanisch (Leipzig) stellen den besonderen Hintergrund für religiöse Kommunikation in doppelter Hinsicht heraus:

Zum einen steht sie unter einem »Rechtfertigungszwang, weil unverzüglich die Frage nach dem Nutzen von Religion gestellt wird«[148]. Die in den alten Bundesländern bestehende Selbstverständlichkeit religiöser Praxis ist in Ostdeutschland seit Längerem verloren gegangen. Zum anderen besteht

---

146 Helmut Zeddies, Konfessionslosigkeit im Osten Deutschlands. Merkmale und Deutungsversuche einer folgenreichen Entwicklung, in: PTh 91 (2002), 150–167, 158.

147 Zur Breite der diesbezüglichen kirchlichen Diskussion s. Roland Degen/ Götz Doye (Hrsg.), Bildungsverantwortung der Evangelischen Kirchen in Ostdeutschland. Grundsatztexte – Entwicklungen – Kommentare, Berlin 1995; sachlich grundlegende Fragen behandeln die Beiträge in: Michael Domsgen (Hrsg.), Konfessionslos – eine religionspädagogische Herausforderung. Studien am Beispiel Ostdeutschlands, Leipzig 2005.

148 Michael Domsgen/Helmut Hanisch, Den Herausforderungen begegnen: Grundzüge einer ostdeutschen Religionspädagogik, Leipzig 2005, 389–407, 391.

durchgehend die Notwendigkeit, sich »mit der quasireligiö-
sen Überzeugung eines ›wissenschaftlichen Weltbildes‹ auseinander zu setzen«[149]. Die »These von der Unvereinbarkeit
der Wissenschaft mit der Religion«[150], nicht nur während der
vierzig DDR-Jahre, sondern teilweise noch heute in den Schulen vermittelt, ist tief im Bewusstsein der meisten Ostdeutschen verankert.

Offenkundig erreichen traditionell eingeleitete Lesungen
im Gottesdienst so geprägte Menschen in der Regel nicht
(s. Kao. III, 1.3). Schon der Rückgriff auf die Bibel ist begrün-
dungspflichtig. Vielleicht begegnet hier eine Situation, in der
die Mahnung des Apostels Paulus von 1Kor 14,23 f. neue Bedeutung gewinnt – für Lesungen und Predigt.

Inzwischen ist dies kein auf den ostdeutschen Raum be-
schränktes Problem mehr. Denn nach der Öffnung der Mauer
ergab sich eine rege Übersiedelung, wobei die Richtung von
Osten nach Westen überwog.

2.3 Ehe- und Familienrecht

Ehe und Familie sind grundlegende Sozialformen und Gegenstand der politischen Auseinandersetzung sowie der
rechtlichen Gestaltung. Die seit den 50er Jahren auf diesem
Gebiet vollzogenen rechtspolitischen Veränderungen werfen
grundsätzliche Fragen für das Schriftverständnis auf und
sind deshalb für die Lesungsthematik bedeutsam.

Grundlegend ist Artikel 6,1 des Grundgesetzes: »Ehe und
Familie stehen unter dem besonderen Schutze der staatlichen

---

149 Ebd.
150 Matthias Petzoldt, Zur religiösen Lage im Osten Deutschlands, in: Bertelsmann Stiftung (Hrsg.), Woran glaubt die Welt? Analysen und Kommentare zum Religionsmonitor 2008, Gütersloh 2009, 125–150, 130.

Ordnung.« Bei näherer Durchsicht der entsprechenden Paragraphen im Bürgerlichen Gesetzbuch (§§ 1297–1588) treten unübersehbar die christlichen Grundlagen der bis heute gültigen staatlichen Eheauffassung zu Tage. Demnach umfasst die eheliche Lebensgemeinschaft die »Pflicht zur häuslichen Gemeinschaft«, die »Beistandsgemeinschaft«, die »Rücksichtsgemeinschaft« und die »Geschlechtsgemeinschaft mit Ausschließlichkeitscharakter«[151].

Hinsichtlich der *Ehescheidung* herrschte in Deutschland lange Zeit das sog. Schuldprinzip. Demnach war eine Scheidung nur bei Feststellung der Schuld möglich, was für Sorgerecht und Unterhaltszahlungen konkrete Konsequenzen hatte. Mit der am 1. Juli 1977 in Kraft getretenen 1. Eherechtsreform trat das Zerrüttungs- an die Stelle des Schuldprinzips. Dies war die Konsequenz aus vielen unerfreulichen Scheidungsverfahren, in denen die Schuldfrage funktional eingesetzt wurde. Allerdings erleichterte diese Umstellung die Auflösung einer Ehe. Denn seitdem ist der tatsächliche Zustand der Ehe, das »Scheitern«, entscheidend; die Schuldfrage bleibt sistiert.

Es soll jetzt nicht um die ethische bzw. kontroverstheologische[152] Bewertung dieser Entwicklung gehen. Vielmehr steht diese in der Evangelischen Kirche mehrheitlich gebilligte Umstellung im Ehescheidungsverfahren in deutlicher Spannung zum im Neuen Testament überlieferten Scheidungsverbot (Mk 10,2–9; 1Kor 7,10.11b).[153] Tatsächlich hatten

---

151 S. genauer Christian Grethlein, Grundinformation Kasualien. Kommunikation des Evangeliums an Übergängen im Leben, Göttingen 2007, 231.

152 Einen Überblick über das komplizierte römisch-katholische Eherecht gibt Stefan Muckel in: Heinrich de Wall/Stefan Muckel, Kirchenrecht, München ³2012, 208–223.

153 Zu weiteren, teilweise etwas abweichenden Bibelstellen s. die knappe

die evangelischen Kirchen auch lange Zeit eine zweite kirchliche Trauung verweigert; Pfarrer im Scheidungsverfahren wurden in den Wartestand versetzt oder sogar entlassen.

Das hat sich im Laufe der Jahre eher schleichend, auf jeden Fall ohne grundsätzliche Klärung verändert: Mittlerweile amtier(t)en geschiedene Bischöfinnen und werden Menschen beim zweiten oder dritten Eheversuch selbstverständlich kirchlich getraut. Verschiedentlich erproben Pfarrer und Pfarrerinnen rituelle Handlungen aus Anlass einer Ehescheidung.[154]

Dieser Wandel kirchlichen Handelns ist kontextuell gut zu verstehen, wirft aber Fragen des Schriftverständnisses auf, die bis jetzt nicht offen diskutiert werden. Konkret: Welche Auswirkungen haben das geänderte staatliche Recht und die gewandelte Ordnung für die Schriftlesungen bei einer Trauung – aber auch im sonntäglichen Gottesdienst? Ein Rekurs auf Traditionen hilft hier nicht weiter, weil sich die rechtlichen und gesellschaftlichen Rahmenbedingungen und damit der Kontext einer entsprechenden Schriftlesung grundlegend verändert haben.

Ähnliches gilt für die Rechtsentwicklung hinsichtlich homosexueller Paare. Mit dem Lebenspartnerschaftsgesetz vom Februar 2001 wurde es möglich, dass gleichgeschlechtliche Paare eine sog. Eingetragene Partnerschaft mit weitgehend ehegleichen Folgen eingehen können. Dagegen weisen biblische Texte die *Homosexualität* in scharfer Form als widergöttlich zurück (Lev 18,22; 20,13; Röm 1,26 f.). Mittlerweile

---

Zusammenstellung bei Christoph Landmesser, Ehescheidung, in: 4RGG 2 (1999), 1094 f.

154 S. z. B. Barbara Alt-Saynisch/Gerson Raabe (Hrsg.), Das Ende als Anfang. Rituale für Paare, die sich trennen, Gütersloh 2002.

wird in den evangelischen Kirchen über Segenshandlungen bei solchen Partnerschaften diskutiert.[155] Das neue EKD-Pfarrerrecht eröffnet – unter mancherlei Bedingungen – die Möglichkeit, dass solchermaßen verbundene Pfarrer und Pfarrerinnen mit ihrem Partner oder ihrer Partnerin in das Pfarrhaus einziehen. Auch hier stellt sich die grundlegende Frage nach dem Verständnis »der« Schrift. Pointiert gefragt: Dürfen bzw. sollen die Homosexualität diskriminierenden Texte grundsätzlich aus der Lese- und Predigttextordnung ausgeschlossen werden? Falls nicht: Können sie ohne Kommentierung gelesen werden?

Auf jeden Fall erscheint von solchen Problemen her die Forderung, in den gottesdienstlichen Lesungen die »ganze« Bibel zu präsentieren, zu undifferenziert.

2.4 Sonn- und Feiertagsarbeit

Die Lese- und Predigtordnungen beziehen sich auf den Sonntagsgottesdienst. Von daher verdienen Veränderungen bezüglich der Erwerbstätigkeit am Sonntag Interesse. Seit Längerem nimmt die Sonn- und Feiertagsarbeit in Deutschland zu. Die folgende Tabelle zeigt dies in den einzelnen Bundesländern und in Gesamtdeutschland zwischen 1993 und 2008:[156]

---

155 S. z. B. Wolfgang Schürger (Hrsg.), Segnung von gleichgeschlechtlichen Paaren. Bausteine und Erfahrungen, Gütersloh 2002.

156 Die Daten beruhen auf dem Mikrozensus des Statistischen Bundesamtes.

Entwicklung der Sonn- und Feiertagsarbeit in Deutschland zwischen 1993 und 2008

Land	1993	2008
Baden-Württemberg	16,9%	25,6%
Bayern	21,5%	28,7%
Berlin	22,9%	34,5%
Brandenburg	22,7%	30,3%
Bremen	22,1%	28,2%
Hamburg	22,7%	27,3%
Hessen	20,6%	28,6%
Mecklenburg-Vorpommern	24,7%	32,8%
Niedersachen	21,9%	29,6%
Nordrhein-Westfalen	20,4%	28,6%
Rheinland-Pfalz	21,1%	28,4%
Saarland	21,5%	30,9%
Sachsen	19,2%	29,5%
Sachsen-Anhalt	21,0%	28,1%
Schleswig-Holstein	25,3%	30,9%
Thüringen	18,8%	28,5%
Deutschland	20,7%	28,7%

Andere Umfragen ergeben, dass über diesen Anteil hinaus auch anderweitig erwerbsmäßig gearbeitet wird. So bejahten 41,3 % der 16-Jährigen und Älteren 2007 die Frage, ob es »vorkommt, dass Sie sonntags arbeiten«.[157]

Offenkundig steigt – entsprechend dem Ausbau der Dienstleistungsgesellschaft – die Anzahl der auch an Sonn- und Feiertagen Beschäftigten an. Und es ist gegenwärtig kein Ende dieser Entwicklung abzusehen.

Zwar besteht nach wie vor ein gesetzlicher Sonn- und Feiertagsschutz. Beide großen Kirchen formieren sich bereits seit Längerem gegen dessen Aufweichung und erzielten in Berlin

---

157 Umfrage von Infratest Sozialforschung im ersten Halbjahr 2007.

mit dem Urteil des Bundesverfassungsgerichts vom 1. Dezember 2009 einen Erfolg.[158] Trotzdem nehmen tatsächlich
die Ausnahmebestimmungen zu. Die sonn- und feiertags bestehenden Ansprüche auf Dienstleistungen sowie der ökonomische Druck auf Konsum und Produktion treiben die Entwicklung voran.

Es liegt auf der Hand, dass dies Auswirkungen für die Bedeutung der biblischen Lesungen im sonntäglichen Gottesdienst hat. *Die bisher allgemeine Fiktion, dass wenigstens grundsätzlich jeder hierzu Zugang hat, entspricht nicht mehr der
Realität.*

In dieser Situation verdient die noch bei den Reformatoren selbstverständliche, mit unterschiedlichen Lesungen verbundene Pluriformität der sonntäglichen Gottesdienstzeiten
neues Interesse (s. Kap. II, 2.1).

2.5 Schulpädagogik

Schließlich ist ein Blick auf die Entwicklung von Schule in den
letzten Jahren aufschlussreich. Schule und Unterricht sind
mit (Evangelischer) Kirche und Gottesdienst dadurch vergleichbar, dass beide Institutionen wesentlich ein Bildungs-
anliegen verfolgen.[159] Dabei spielt die Lektüre biblischer
Texte eine wichtige Rolle. Nicht von ungefähr gab es bei den
Perikopen eine enge Berührung zwischen Gottesdienst und
Unterricht (s. Kap. II, 2.2). Didaktisch ähneln die Lehrpläne in
der Phase der Evangelischen Unterweisung den Perikopen-

---

158 S. ausführlich Axel Frhr. von Campenhausen (Hrsg.), Tag der Arbeitsruhe
und der seelischen Erhebung. Dokumentation zum Urteil des Bundesverfassungsgerichts zum Schutz der Sonntagsruhe (Schriften zum Staatskir-
chenrecht 52), Frankfurt 2010.

159 Überzeugend hat dies aufgewiesen Christian Albrecht, Bildung in der
Praktischen Theologie, Tübingen 2003.

ordnungen. Wie dort jedem Sonntag bestimmte Lesungen zugeordnet sind, fanden sich in den Stoffplänen feste biblische Texte, Gesangbuchverse, Katechismusstücke und kirchengeschichtliche Exempla, die in den dafür vorgesehenen Stunden zu behandeln waren. Diese materialdidaktische Ausrichtung haben aber die schulischen Curricula bereits seit einiger Zeit hinter sich gelassen:

Schon in der lernzielorientierten Curriculum-Didaktik der 70er Jahre des 20. Jahrhunderts wurden die Lerninhalte, also z. B. konkrete biblische Texte, Lernzielen zugeordnet. Den Hintergrund dazu bildete die allgemeinpädagogische Einsicht, dass der bisher als feststehend angenommene Kanon der Inhalte zunehmend fragiler wurde bzw. den durch technische und gesellschaftliche Entwicklungen entstandenen Herausforderungen nicht mehr standhielt. Demgegenüber wurden Verhaltensweisen und Einstellungen zur Bewältigung bestimmter Probleme angestrebt, die die (Religions-)Pädagogen für die Gegenwart oder Zukunft der Schüler vermuteten. Dazu kamen Methoden und Medien in den Blick. Biblische Inhalte wurden so unter der Perspektive von Lernziel, Methodik und Medium didaktisch erschlossen.

Die Frage nach dem Bildungskanon transformierte der Erziehungswissenschaftler Wolfgang Klafki in einen Katalog sog. epochaltypischer Schlüsselprobleme:

»Friedensfrage«, »Umweltfrage«, »die gesellschaftliche produzierte Ungleichheit«, »die Gefahren und die Möglichkeiten der neuen technischen Steuerungs-, Informations- und Kommunikationsmedien« und »das Phänomen der Ich-Du-Beziehung«.[160]

---

160 S. Wolfgang Klafki, Grundzüge eines neuen Allgemeinbildungskonzepts. Im Zentrum: Epochaltypische Schlüsselprobleme, in: Ders., Neue Studien zur Bildungstheorie und Didaktik. Zeitgemäße Allgemeinbildung und

Beide didaktischen Innovationen waren angesichts der neuen gesellschaftlichen Herausforderungen notwendig, zogen aber auch Kritik auf sich: Internationale Vergleichsuntersuchungen zeigten in deutschen Schulen die Dominanz des von der Lehrperson zu verantwortenden sog. Inputs. Dadurch gerät das tatsächlich von den Schülern und Schülerinnen Gelernte (sog. Output) in den Hintergrund. Die epochaltypischen Schlüsselthemen erwiesen sich als recht zeitbezogen und mussten erweitert bzw. fortgeschrieben werden.

Seit Beginn des neuen Jahrtausends bemühen sich Didaktiker und Schulpolitiker, mit dem Begriff »Kompetenz« die Unterrichtsentwicklung voranzutreiben. Ausgangspunkt solcher *Kompetenzdidaktik* ist das Interesse an beobachtbaren und nachhaltigen Lernerfolgen. Didaktisch grundlegend ist dabei die von Franz Weinert vorgelegte Definition von Kompetenzen:

> » ... bei Individuen verfügbare oder durch sie erlernbare, kognitive Fähigkeiten und Fertigkeiten, um bestimmte Probleme zu lösen, sowie die damit verbundenen motivationalen, volitionalen und sozialen Bereitschaften und Fähigkeiten, um die Problemlösungen in variablen Situationen erfolgreich und verantwortungsvoll nutzen zu können.«[161]

Mittlerweile entwickelte sich zu dem daraus abgeleiteten Modell eine ausgedehnte religionspädagogische Diskussion.[162] Sie muss hier nicht weiterverfolgt werden. Denn schon diese

---

kritisch-konstruktive Didaktik, Weinheim [3]1993, 43–81, 56–60; später wurden diese Probleme noch um die Religionsthematik erweitert.

161 Franz Weinert, Leistungsmessungen in Schulen, Weinheim 2001, 27 f.

162 Wichtige Gesichtspunkte und Argumente finden sich in Andreas Feindt u. a. (Hrsg.), Kompetenzorientierung im Religionsunterricht. Befunde und Perspektiven, Münster 2009.

kurze Skizze zeigt die Differenz zwischen der erheblichen Entwicklung in der Didaktik bei gleichzeitigem Stillstand in der methodischen Arbeit an der Perikopenordnung.

Inhaltlich ergibt sich aus der Didaktik-Diskussion die Anfrage: Sind materialiter ausgeführte Ordnungen – sei es in Form von Lehrplänen oder Leseordnungen – in der Lage, unter den Bedingungen des Pluralismus und der situativen Differenzen von Ort zu Ort das zu leisten, was sie anstreben? Die Kompetenzdidaktik löst dieses Problem dadurch, dass formale Kompetenzen formuliert werden, deren konkrete inhaltliche Füllung Aufgabe der Lehrer und Lehrerinnen, etwa einer Fachkonferenz, sind. Zugegebenermaßen stellt dies eine beträchtliche Anforderung an die allerdings akademisch ausgebildeten Lehrer dar, fördert positiv aber deren Weiterqualifikation. Wäre Ähnliches nicht auch für Pfarrer und Pfarrerinnen vorstellbar?

Der Vorteil, wenn die konkreten Lesungen vor Ort – innerhalb eines thematischen, teilweise durch das Kirchenjahr vorgegebenen Rahmens – ausgesucht würden, könnte beträchtlich sein. Auf jeden Fall würde die Passung zur konkreten Situation erhöht und die Arbeit der Pfarrer mit und an der Bibel verstärkt. Vielleicht gelänge es sogar in eine Dynamik einzutreten, in der die Bibel die Gegenwart erschließen hilft und umgekehrt die Gegenwart mit ihren Herausforderungen die Bibel.[163]

2.6 Zusammenfassung

Politischer und rechtlicher Wandel in Deutschland verändert den Kontext nachhaltig, innerhalb dessen die gottesdienstli-

---

163 Dieses Argument nimmt das didaktische Grundanliegen von Wolfgang Klafkis Konzept der kategorialen Bildung auf.

chen Lesungen stattfinden. Die Internationalisierung und Europäisierung lässt andere Modi des Umgangs mit der Bibel im Gottesdienst näherrücken.

Die deutsche Vereinigung und die damit gegebene Tatsache, dass die Zahl der Menschen ohne Kenntnis christlicher Tradition erheblich anstieg, stellen neue Herausforderungen an die Elementarisierung des Zugangs zur Bibel. Es kann bezweifelt werden, dass eine sechsreihige Predigtordnung in dieser Situation angemessen ist.

Einen neuen grundsätzlichen Problembereich eröffnet der Blick auf Veränderungen im Ehe- und Familienrecht. Was bedeutet es für die gottesdienstlichen Lesungen, wenn in diesem wichtigen Lebensbereich gesetzliche Veränderungen in deutlichem Kontrast zu »der« Schrift vorgenommen werden und sich das kirchliche Handeln entsprechend wandelt? Auf jeden Fall ist die übliche Rede von »der Bibel« bzw. »der Schrift« zu undifferenziert, um solche Fragen zu bearbeiten.

In noch eine andere Richtung führt die Beobachtung zunehmender Erwerbstätigkeit an Sonn- und Feiertagen. Dadurch verändert sich die Bedeutung der Lesungen im Gottesdienst am Sonntagvormittag, insofern dieser nicht mehr allen Kirchenmitgliedern offensteht.

Schließlich wirft ein Blick auf die Entwicklung der Didaktik die grundsätzliche Frage nach der Angemessenheit einer festen, mit konkreten Textstellen gefüllten Ordnung unter den gegenwärtigen Bedingungen auf. In den Schulen ermöglicht eine formal an Kompetenzen und nicht an konkreten Inhalten orientierte Didaktik bessere Situationsgemäßheit und fördert die pädagogische Qualifikation der Lehrer. Könnte die Aufgabe, innerhalb eines gewissen Rahmens die Lesungen vor Ort zu bestimmen, für Gemeinde und Pfarrer nicht Ähnliches bewirken?

3. KULTUR

Auch in kultureller Hinsicht ist in den vergangenen Jahrzehnten ein gravierender Wandel zu beobachten, dessen Bedeutung für die Rezeption biblischer Texte auf der Hand liegt. Ich beginne mit Hinweisen auf die allgemein mit Pluralisierung benannte Entwicklung, die einen Rahmen für die folgenden Veränderungen abgibt. Für diese stehen die Stichworte Verhältnis zur Um- bzw. Mitwelt, Frauenemanzipation, Medienentwicklung und Ästhetisierung.

3.1 Pluralisierung

Die Pluralisierung der Lebensverhältnisse und Einstellungen der Menschen ist ein Grundsignum gegenwärtiger Kultur. Dabei besteht der grundlegende Unterschied zu früheren Zeiten, in denen ebenfalls Vielfalt herrschte, darin, dass die Verschiedenheiten allgemein bewusst sind.[164] Peter L. Berger konstatiert in einer grundlegenden wissenssoziologischen Analyse deshalb: »Modernität läßt sich ... als ein großer Relativierungshexenkessel verstehen.«[165] Dabei werden bisherige Ordnungen und Verhältnisse dynamisiert bzw. aufgelöst. Für diesen allgemeinen Prozess seien drei Beispiele genannt:

Am 25.12.1952 begann der damalige Nordwestdeutsche Rundfunk mit der Ausstrahlung eines regelmäßigen Fernsehprogramms.[166] 1956 entstand die Arbeitsgemeinschaft der

---

164 Darauf macht aufmerksam Rainer Preul, Das öffentliche Auftreten der Kirche in der pluralistischen Gesellschaft, in: Joachim Mehlhausen (Hrsg.), Pluralismus und Identität, Gütersloh 1995, 505.

165 Peter L. Berger, Der Zwang zur Häresie. Religion in der pluralistischen Gesellschaft, Frankfurt 1980 (am. 1979) 23.

166 S. auch zum Folgenden Hans Joachim Dörger, Fernsehen, in: TRE 11 (1983), 87–91.

Rundfunkanstalten in Deutschland (ARD). Seit dem 1.4.1963 sendet das Zweite Deutsche Fernsehen (ZDF). 1984 wurde das Rundfunkgesetz radikal liberalisiert. Die bis dahin exklusiv öffentlich-rechtlich organisierten Systeme Rundfunk und Fernsehen öffneten sich für private Anbieter. Seitdem explodiert der entsprechende Markt – unterstützt durch technische Innovationen wie Satelliten- und Kabelfernsehen. Nicht wenige Haushalte empfangen in Deutschland mittlerweile über 100 Fernsehprogramme. Bei dieser Entwicklung tritt deutlich das Ineinander von ökonomischen Interessen und allgemeiner Pluralisierung hervor. Auch im Bereich der persönlichen Einstellungen sind entsprechende Entwicklungen zu beobachten. So beschreibt Rüdiger Schloz in seinem Rückblick auf die seit 1972 durchgeführten EKD-Befragungen zur Einstellung der Kirchenmitglieder als deutlichste Tendenz die »Privatisierung und Diffusion des Religiösen«:[167]

> »Generell ist eine deutliche Zurückhaltung gegenüber explizit religiösen Aussagen zu beobachten. Unter den Vorgaben werden diejenigen bevorzugt, die auch in einem allgemeinen Sinn verstanden werden können.«[168]

Im ethischen Bereich zeigt sich z. B., dass durchaus bei den Merkmalen zum Evangelischsein der Formulierung »bemüht, ein anständiger Mensch zu sein« zugestimmt wird; erheblich geringer ist dagegen die Bejahung konkreter Ordnung wie »nach den 10 Geboten zu leben«.[169] Schließlich kann

---

167 Rüdiger Schloz, Kontinuität und Krise – stabile Strukturen und gravierende Einschnitte nach 30 Jahren, in: Wolfgang Huber/Johannes Friedrich/Peter Steinacker (Hrsg.), Kirche in der Vielfalt ihrer Lebensbezüge. Die vierte EKD-Erhebung über Kirchenmitgliedschaft, Gütersloh 2006, 51–88, 85.
168 Ebd.
169 Ebd.

die europäische Entwicklung der gottesdienstlichen Lesungen vor diesem Hintergrund verstanden werden. Zwar herrschte – wie in Kapitel II, 2.3 erwähnt – im 19. Jahrhundert eine große Pluriformität bei den Leseordnungen der einzelnen Landeskirchen. Doch waren diese zumindest grundsätzlich an der »alten« Epistel- und Evangelienreihe orientiert, und zwar über die Konfessionsgrenzen hinweg. Erst die OLM der römisch-katholischen Kirche (1969) verfolgte einen neuen Ansatz und eröffnete einen Pluralisierungsprozess, wie er heute auf der Ebene der Gemeinschaft Evangelischer Kirchen in Europa eindrücklich hervortritt.[170] Die aktuellen Alternativvorschläge von Seiten der im jüdisch-christlichen Dialog Engagierten oder der feministischen Theologinnen fügen sich in diese Pluralisierungstendenz gut ein. Insgesamt erweist sich also das, was Peter Berger »Zwang zur Häresie« (also Wahl) nennt, als Charakteristikum moderner Gesellschaften.[171]

Von daher ist zu fragen: Passt das Bemühen um eine in den einzelnen Texten festgelegte Leseordnung noch in die Zeit des modernen Pluralismus? Denn hier herrscht grundsätzlich das Wissen um alternative Optionen und somit um die Bedingtheit und Begrenztheit des gerade Vorliegenden. Umgekehrt könnte auf die stets mit der Kommunikation des Evangeliums gegebene kulturkritische Dimension hingewiesen werden. Ist die Struktur des Lesens kirchenamtlich vorgegebener biblischer Texte im Gottesdienst eine solche Stelle kulturkritischen Widerstandes?

---

170 S. die Darstellung bei Florian Herrmann, Leseordnungen in der Gemeinschaft Evangelischer Kirchen in Europa, in: Kirchenamt der EKD/Amt der UEK/Amt der VELKD (Hrsg.), Auf dem Weg zur Perikopenrevision. Dokumentation einer wissenschaftlichen Fachtagung, Hannover 2010, 185–197.

171 Peter L. Berger, Der Zwang zur Häresie. Religion in der pluralistischen Gesellschaft, Frankfurt 1980 (am. 1979), 24–30.

3.2 Neues Verhältnis zur Um- bzw. Mitwelt

Die biblischen Erzählungen setzen eine Lebensweise voraus, in der Menschen in direktem Kontakt zu ihrer Um- bzw. Mitwelt stehen. Landwirtschaft, Fischerei und einfache handwerkliche Tätigkeit bestimmten die Lebensverhältnisse der in biblischer Zeit Lebenden. Entsprechend rekurrierte Jesus in seinen Gleichnissen direkt auf dadurch gegebene Bezüge und Einsichten.

Mit der Industrialisierung haben sich diese Verhältnisse grundlegend geändert. Die Erwerbsarbeit in der Industrie wurde zur wichtigsten Beschäftigungsquelle. Seit etwa 1950 beginnt auch sie zurückzutreten, wie die folgende Tabelle zeigt, die die Erwerbsarbeit nach Wirtschaftssektoren differenziert:[172]

Wandel der Erwerbstätigkeit (zwischen 1950 und 2010)

Jahr	Primärer Sektor (Land-, Forstwirtschaft, Fischerei)	Sekundärer Sektor (Produzierendes Gewerbe)	Tertiärer Sektor (Dienstleistungen)
1950	24,6 %	42,9 %	32,5 %
1955	28,5 %	47,1 %	34,4 %
1960	13,7 %	47,9 %	38,3 %
1965	10,7 %	49,2 %	40,1 %
1970	8,4 %	46,5 %	45,1 %
1975	6,6 %	42,4 %	51,0 %
1980	5,1 %	41,1 %	53,8 %
1985	4,4 %	38,1 %	57,5 %
1990	3,5 %	36,6 %	59,9 %
1995	2,9 %	32,6 %	64,6 %
2000	2,4 %	28,9 %	68,7 %
2005	2,2 %	25,9 %	71,9 %
2010	2,1 %	24,4 %	73,9 %

---

172 Nach Christian Grethlein, Praktische Theologie, Berlin 2012, 225.

Demnach ist nur noch eine kleine Zahl von Menschen in dem bis ins 20. Jahrhundert hinein wichtigsten Wirtschaftssektor der Land-, Forstwirtschaft und Fischerei beschäftigt. Und auch deren Tätigkeit bezieht sich jedenfalls teilweise nur noch maschinell vermittelt auf die Um- bzw. Mitwelt.[173] Dies gilt in stärkerem Maß im sog. produzierenden Gewerbe, das in gewisser Weise das Erbe des Handwerks antrat.[174] Noch wichtiger ist, dass mittlerweile diese beiden Wirtschaftssektoren nur noch etwa für ein Viertel der in Deutschland Erwerbstätigen einen Arbeitsplatz bieten. Fast drei Viertel sind im Sektor Dienstleistungen beschäftigt, dessen vielfältige Tätigkeiten die elektronische Datenverarbeitung prägt.

Mit dieser *Distanzierung der Menschen von ihrer unmittelbaren Um- und Mitwelt*[175] hängt zumindest indirekt eine neue politische Orientierung zusammen, wie sie parteipolitisch in der Gründung der Grünen 1980 – erster Einzug in den Bundestag 1983 – einen Niederschlag fand. Diese Bewegung verdankt sich primär politisch-ökologischen (und pazifistischen) Impulsen. Von daher unterscheidet sie sich grundsätzlich vom früheren, vor allem durch die Erfahrung der Endlichkeit und der Abhängigkeit bestimmten Verhältnis zur Um- und Mitwelt, wie sie im Begriff der »Schöpfung« anschaulich und religiös konnotiert zum Ausdruck kam.

Dieser Wandel verändert den Zugang zu den biblischen Texten dramatisch. Was noch Anfang der 50er Jahre des

---

173 S. zu den strukturellen Veränderungen in der Landwirtschaft Ulrich Wehler, Deutsche Gesellschaftsgeschichte Bd. 5. Bundesrepublik und DDR 1949–1990, München 2008, 81–88.

174 S. hierzu a. a. O., 151.

175 Zur Veränderung des Verhältnisses zur Natur im 19. Jahrhundert. Thomas Nipperdey, Deutsche Geschichte 1866–1918 Bd. 1. Arbeitswelt und Bürgergeist, München 1990, 182–186.

20. Jahrhunderts immerhin einem Viertel der Deutschen vertraut und unmittelbar verständlich war, erfordert heute eine hermeneutische Transformation hinsichtlich des lebensweltlichen Kontextes. Der in der Arbeit an den biblischen Lesungen gebräuchliche Begriff der Lektionabilität bekommt dadurch eine neue Dimension, die noch nicht im Blick ist oder gar diskutiert wird.

3.3 Frauenemanzipation

Seit der zweiten Hälfte des 19. Jahrhunderts mehren sich die Stimmen von Frauen, die Gleichberechtigung gegenüber den Männern fordern. Thomas Nipperdey nennt die davon ausgehenden Impulse »eine der großen weltgeschichtlich revolutionären Veränderungen«[176]. Die Einführung des Frauenwahlrechts stellte dabei für die lebensweltliche Situation ebenso nur eine Etappe dar wie Art. 3,2 des Grundgesetzes (1949). Wahrscheinlich am nachdrücklichsten aber wirkten die zunehmende Bildungspartizipation weiblicher Heranwachsender sowie der steigende Anteil von Frauen an der Erwerbsarbeit.[177] 1969 waren 90,3 % der 15- bis 65-jährigen Männer und 47,2 % der gleichaltrigen Frauen erwerbstätig; 2009 stehen 75,3 % erwerbstätige Männer 65,1 % erwerbstätige Frauen gegenüber.

Die sich hier exemplarisch zeigende zunehmende Gleichberechtigung der Frauen findet seit den 70er Jahren einen theologischen und kirchlichen Niederschlag, der sich auch auf das Verständnis biblischer Texte bezieht. Theologinnen rückten gemäß dem Motto »Die Bibel mit den Augen einer

---

176 A. a. O., 73.

177 Die folgenden statistischen Daten entstammen dem Mikrozensus des Statistischen Bundesamtes.

Frau zu lesen«[178] die biblischen Texte in die *Perspektive der (Geschlechter-)Gerechtigkeit.*

Dabei kam die Perikopenordnung in den Blick. Es fiel auf, dass z. B. das Hohelied oder das Buch Rut dort nicht berücksichtigt waren.[179] Weiter kamen Frauen vor allem in ihrer Rolle als Mutter in den biblischen Texten vor: »Freiheitskämpferinnen (Debora, Jael), Prophetinnen (Hulda), Richterinnen, Frauen in unterschiedlichen Berufsgruppen (Hirtinnen, Weberinnen, Bäckerinnen, Hebammen) werden nicht erwähnt.«[180]

Diese Kritik führte konstruktiv zu alternativen Predigtreihen, zuerst in den beiden Bänden »Feministisch gelesen« (1988 und 1989) veröffentlicht:

> »Folgende Kriterien wurden bei der Auswahl zugrunde gelegt:
> - Texte, die in den bisherigen Perikopenreihen nicht berücksichtigt oder durch die Auslegungs- und Wirkungsgeschichte entstellt sind;
> - Texte, in denen Frauen vorkommen;
> - Texte, in denen Frauen durch Nicht-Erwähnung wichtig werden;
> - Texte, die auf Frauen umgeschrieben werden können;
> - Texte, die ein ganzheitliches Gottesverständnis nahelegen und für eine Patriarchatskritik wichtig sind.«[181]

Tatsächlich erreichten solche und andere Vorstöße, dass die Problematik der bestehenden Perikopenauswahl in dieser Hinsicht heute allgemein bewusst ist. Allerdings ist dies der einzige Fall, wo grundlegende Veränderungen in Politik, Ge-

---

178 Renate Jost, Feministische Impulse für eine neue Perikopenordnung, in: Kirchenamt der EKD/Amt der UEK/Amt der VELKD (Hrsg.), Auf dem Weg zur Perikopenrevision. Dokumentation einer wissenschaftlichen Fachtagung, Hannover 2010, 231–263, 231.

179 S. a. a. O., 236.

180 A. a. O., 241.

181 Zitiert nach a. a. O., 241; s. auch die als Anhang beigegebene Übersicht über die Texte der beiden Bände, a. a. O., 244–246.

sellschaft und Kultur in die Diskussion über die Perikopenrevision aufgenommen wurden. Denn zweifellos verdanken
sich die kritischen Anfragen und konstruktiven Vorschläge
feministischer Theologinnen dem gesellschaftlichen Wandel
im Zuge der Frauenemanzipation.

3.4 Medienentwicklung

Der Medienkonsum prägt das Leben der meisten in Deutschland lebenden Menschen in hohem Maße. Dabei sind die letzten Jahrzehnte statistisch zuverlässig erfasst. Das heutige
Leitmedium Fernsehen besteht publikumswirksam erst – wie
eben erwähnt – seit den fünfziger Jahren des 20. Jahrhunderts;
das Internet als wesentliche Basis der Computer-Kommuni-
kation wurde 1993 mit dem ersten grafikfähigen Browser allgemein zugänglich. Die durchschnittliche Mediennutzung
in Deutschland (von Personen ab 14 Jahren; Messeinheit: Minuten) dokumentiert die folgende Übersicht:[182]

Tägliche Nutzung der wichtigsten Medien zwischen 1980 und 2010 (in Minuten)

	1980	1985	1990	1995	2000	2005	2010
Fernsehen	125	121	135	158	185	220	220
Hörfunk	135	154	170	162	206	221	187
Tageszeitung	38	33	28	29	30	28	23
Zeitschriften	11	10	11	11	10	12	6
Bücher	22	17	18	15	18	25	22
CDs u. Ä.	15	14	14	13	36	45	35
Internet	--	--	--	--	13	44	83
Gesamt	346	351	380	404	502	600	583

---

182 Nach Medien Perspektiven Basisdaten 2002 und 2010 zusammengestellt
in: Christian Grethlein, Praktische Theologie, Berlin 2012, 242.

Es fällt auf, dass die bereits vor den 50er Jahren genutzten Medien immer noch in Gebrauch sind; neue Medien traten hinzu. Dabei bahnt sich durch den rapiden Anstieg der Nutzung des Internets eine Verschiebung an, in der das Zeitbudget für das Lesen von Druckerzeugnissen zurückgeht. 1980 beanspruchte die Lektüre von Tageszeitung, Zeitschriften und Büchern täglich im Durchschnitt noch über eine Stunde (71 Minuten), 30 Jahre später sind es 20 Minuten weniger. Insgesamt ist offenkundig mit etwa zehn Stunden (durchschnittlicher) täglicher Mediennutzung ein Sättigungsgrad erreicht.

Medientheoretisch interessant ist, dass diese Entwicklung zugleich mit einem *Siegeszug von Bildern* verbunden ist. Sie prägen gleichsam vorsprachlich unsere Wirklichkeitssicht und damit unser Selbstverständnis sowie unsere Rezeptionsfähigkeit. So konstatiert der Medienwissenschaftler Gerhard Paul:

> »Das 20. Jahrhundert ist in unseren Köpfen als eine assoziative Montage von Einzelbildern, Bildsequenzen und Bildclustern unterschiedlichster Gattungen präsent, deren ›Sprache‹ wir in aller Regel nicht kennen. In unserem Gedächtnis vermischen sich die stillen Bilder der Fotografie, mitunter auch der Kunst, zunehmend auch der digitalen Bilder des Internets, mit den laufenden Bildern aus Film und Fernsehen, mit Bildern auf Plakaten und Werbeanzeigen, mit Gemälden und Lithografien zu einem diffusen Bilderkonglomerat. Es sind fiktionale wie nonfiktionale Bilder, spontane Schnappschüsse wie mediale oder künstlerische Inszenierungen, Bilder, die Augenblicke des Realen festhalten, wie Bilder, die aus kommerziellen, politischen und künstlerischen Interessen inszeniert sind. Dieses Konglomerat besitzt ... anders als die lineare Rekonstruktion der Geschichte durch die Chronisten keine fest gefügte grammatikalische Struktur.«[183]

---

183 Gerhard Paul, Das Jahrhundert der Bilder. Die visuelle Geschichte und der Bildkanon des kulturellen Gedächtnisses, in: Ders. (Hrsg.), Das Jahrhundert der Bilder 1949 bis heute, Göttingen 2008, 14–39, 27.

Die hier skizzierte Entwicklung lässt sich vielfältig beobachten: Es nimmt nicht nur der Bildanteil in Zeitungen zu, sondern auch wissenschaftliche Vorträge werden zunehmend durch Bilder – etwa via Power-Point-Präsentation – angereichert usw.

Es liegt auf der Hand, dass sich im Zuge dieser Entwicklung das Hören von aus einem Buch vorgelesenen Texten bei vielen Menschen verändert. Nimmt man hinzu, dass gegenwärtig – und dies ist schon länger konstant – nur etwa 20 % der Menschen täglich in einem Buch lesen, wird die bei biblischen Lesungen zu bewältigende Aufgabe noch deutlicher. Neben die Frage von Perikopenordnung oder Bahnlesung tritt mit zunehmender Dringlichkeit die Frage nach der Präsentation des Gelesenen. Das Kriterium der Lektionabilität umfasst also eine ästhetische Dimension von Gewicht.

3.5 Ästhetisierung

Kultursoziologische Analysen verstärken die eben aufgeworfene Frage. Gerhard Schulze konstatierte für die gegenwärtige Kultur den grundlegenden Wandel von der Überlebens- zur Erlebnisorientierung und eine damit verbundene Tendenz zur Ästhetisierung der Lebensvollzüge.

Von hieraus ist ein Blick in die Geschichte des Vortrags gottesdienstlicher Lesungen aufschlussreich.[184] Schon seit dem frühen Mittelalter sind sog. »Incipit-Formeln« überliefert. Dabei handelt es sich um einen Lesungsbeginn mit Initien wie »In illo tempore«, »In his diebus«, aber auch – wie in Kapitel III, 1.3 erwähnt – die direkte Anrede der Zuhörenden mit »Fratres« oder »Carissimi«. Zum Schluss der Lesung waren

---

184 S. zum Folgenden Balthasar Fischer, Formen der Verkündigung, in: GdK 3 (1987), 77–96, 82 f.

Formeln wie »in Christo Jesu Domino nostro« üblich. Weiter antwortete das Volk – in der Messe – auf die Lesung mit »Deo Gratias« nach der Epistel oder »Laus tibi, Christe« nach dem Evangelium. Schließlich wurde die Lesung des Evangeliums durch verschiedene Riten begleitet:

> »den Segen über dem Verkünder des Evangeliums, die von Lichtern begleitete Prozession mit dem Evangelienbuch, das Aufstehen der Gläubigen ..., den Auftakt mit dem Gruß ›Der Herr sei mit euch‹, die erstmals im 9. Jh. bezeugte Selbstbekreuzigung der Zuhörer nach der Angabe des Evangelisten ... und den anschließenden Buchkuß mit einem bibeltheologisch gewichtigen, seit der Jahrtausendwende bezeugten Begleitgebet, das vom Wort des Evangeliums Tilgung der Sünden erwartet.«[185]

Durchweg werden hier ursprünglich in anderen Kommunikationszusammenhängen gebräuchliche Worte und Gesten in den liturgischen Vollzug transferiert. Die Frage der *ästhetischen Inszenierung der biblischen Lesungen* ist also keine neue Herausforderung. Allerdings ist der früher übliche Gebrauch dieser Formeln außerhalb der Liturgie mittlerweile verschwunden. So weisen die überkommenen liturgischen Formeln eher auf die Antiquiertheit des Vorgelesenen hin, als dass sie eine den Menschen unmittelbar verständliche Kontextualisierung bieten. Dazu kommt die die heutige Rezeption prägende milieubezogene Differenzierung in ästhetische Schemata, die nicht mehr durch eine allgemein anerkannte Leitkultur sozial integriert werden.

3.6 Zusammenfassung

Der kulturelle Wandel verändert die Bedingungen der Rezeption biblischer Lesungen und damit deren – mögliche – Auf-

---

185 A. a. O., 83.

nahme. Gegenüber Menschen in der Alten Kirche, im Mittelalter und der frühen Neuzeit haben sich die Rahmenbedingungen fundamental verändert. Die bewusste Wahrnehmung von Pluralismus, das Verhältnis zur Um- und Mitwelt, die Bestimmung der Geschlechterrollen, die Entwicklung zu einer Mediengesellschaft sowie die Ablösung des Kampfes um das Überleben durch die Erlebnisorientierung machen exemplarisch Umfang und Grundsätzlichkeit des Wandels deutlich.

Für die biblischen Lesungen im Gottesdienst ergeben sich daraus eine Anfrage und eine Herausforderung: Ist der Modus einer statischen Ordnung, die die einzelnen Texte zentral von oben vorschreibt, unter den Bedingungen gegenwärtiger Kultur noch angemessen? – Angesichts der großen Bedeutung ästhetischer Gestaltung in der gegenwärtigen Kultur erfordert die Aufgabe der konkreten Inszenierung biblischer Lesungen mehr als nur methodische Überlegungen.

4. Gesellschaft

In enger Verbindung mit dem eben Skizzierten vollzieht sich der gesellschaftliche Wandel. Grundsätzlich deutet das Konzept der Zivilgesellschaft seine Weite an.[186] Sodann prägen Veränderungen in zeitlicher Hinsicht die Situation, die den Hintergrund auch für die gottesdienstlichen Lesungen abgibt. Die Zunahme alter Menschen in unserer Gesellschaft führt zu einem demographischen Wandel. An der entsprechend wachsenden Zahl dementer Menschen lassen sich in

---

186 S. grundsätzlich Ralph Fischer, Kirche und Zivilgesellschaft. Probleme und Potentiale, Stuttgart 2008.

zugespitzter Weise grundsätzliche Probleme von Lesungen studieren. Dazu verändern sich die Zeitrhythmen gesellschaftlichen Lebens und damit auch der soziale Ort der sonntäglichen Zusammenkunft in der Kirche. In ein weiteres Problemfeld führen die anstehenden Herausforderungen durch den – bereits in Kapitel III, 2.1 genannten – Zuzug von Menschen aus anderen Kulturkreisen. Zunehmend werden die damit verbundenen Aufgaben der Kommunikation zwischen Menschen deutlich, die unterschiedlichen Daseins- und Wertorientierungen folgen. Schließlich nimmt die weltweite Inklusionsdebatte diese und andere Probleme auf.

4.1 Zivilgesellschaft

Eng mit dem gesellschaftlichen Aufstieg des Bürgertums verbunden entwickelten sich Organisationen und Initiativen, die sich jenseits von Staat und ökonomischen Interessen auf das Allgemeinwohl richten. Vor allem im karitativen Bereich schlossen sich kirchliche Gruppierungen diesem Impuls an bzw. beförderten ihn, in Deutschland allen voran die Innere Mission. Durch den Rückgang der Selbstverständlichkeit der Kirchenmitgliedschaft und damit des institutionellen Charakters der Kirchen[187] entwickeln sich die evangelischen Kirchen selbst in diese Richtung, auch wenn ihr Status als Körperschaft des öffentlichen Rechts noch frühere Staatsverbundenheit widerspiegelt.[188]

---

187 S. Holger Ludwig, Von der Institution zur Organisation. Eine grundbegriffliche Untersuchung zur Beschreibung der Sozialgestalt der Kirche in der neueren evangelischen Ekklesiologie (Öffentliche Theologie 26), Leipzig 2010, 173.

188 S. Christian Grethlein, Probleme hinter den Bemühungen um Kirchenreform – Kirche am Übergang von einer staatsanalogen Institution zu einer zivilgesellschaftlichen Organisation, in: PrTh 48 (2013), 35–41.

Charakteristisch für zivilgesellschaftliche Organisationen ist ihre Flexibilität. Im Bereich diakonischer Werke kann dies exemplarisch am Beispiel der Diversifizierung der Aufgaben und der darauf bezogenen Tätigkeiten studiert werden. Dabei wird die Eigendynamik deutlich, die die Integration neuer Tätigkeitsformen etwa im Bereich der Pflege oder der Sozialarbeit mit sich bringt. Die daraus resultierenden Herausforderungen werden unter dem Titel des diakonischen Profils seit Längerem diskutiert.

Im Bereich der Kirche gilt dies vor allem für ehrenamtlich bzw. freiwillig Tätige. Sie leisten inzwischen in vielen Bereichen der Kommunikation des Evangeliums wichtige Beiträge, wie folgende Beispiele zeigen:

> »– Lehr- und Lernprozesse finden z. B. durch jugendliche Teamer im Rahmen der Konfirmandenarbeit wichtige Unterstützung. In der Kinder- und Jugendarbeit sind vielfach etwas Ältere als Gruppenleiter engagiert.
>
> – Prädikanten leiten vielerorts das gemeinschaftliche Feiern im Gottesdienst.
>
> – Kindergottesdienste sind ohne Ehrenamtliche nicht vorstellbar. Dies gilt ebenfalls für Familiengottesdienste und andere liturgische Feiern, an deren Vorbereitung und Gestaltung sich Nichtpfarrer beteiligen.
>
> – Hospizkreise, Telefonseelsorge und viele Besuchsgruppen leisten wichtige Beiträge zum Helfen zum Leben.
>
> – Mit der Koordinierung entsprechender Aktivitäten sind mit Presbytern und Synodalen mehrheitlich Nichtordinierte befasst.«[189]

Unter zivilgesellschaftlichen Bedingungen ist die Partizipationsmöglichkeit und damit die verantwortliche Teilnahme an Entscheidungen ein wichtiger Faktor dafür, um qualifizierte Freiwillige zu gewinnen.[190] Dabei geht es neben dem

---

189 Christian Grethlein, Praktische Theologie, Berlin 2012, 457 f.

190 S. Susanne Breit-Kessler/Martin Vorländer, Ehrenamtliche Mitarbeitende,

konkreten Tätigkeitsfeld um das Gesamterscheinungsbild der jeweiligen (zivilgesellschaftlichen) Organisation.

Von daher stellt sich aus dieser Perspektive die Frage: Suggeriert eine kirchenamtlich eingesetzte Perikopenordnung nicht eine Einheitlichkeit bzw. Statik, die nicht nur im diakonischen, sondern auch im kirchlichen Bereich nicht mehr besteht und unter zivilgesellschaftlicher Perspektive auch nicht wünschenswert ist?

4.2 Demographie

Deutschland befindet sich – neben vielen anderen Ländern – inmitten eines weitreichenden demographischen Wandels. Der Anteil der alten Menschen an der Gesamtbevölkerung wird – etwa gleichbleibende Lebensbedingungen vorausgesetzt – in den nächsten Jahrzehnten weiter zunehmen. Dies hat zwei Ursachen: Seit der Mitte der 60er Jahre des 20. Jahrhunderts sinkt die Geburtzahl rapide:[191]

Geburtszahlen in Deutschland
(1949 bis 2009; Fünfjahresabstand)

Jahr	Zahl der Lebendgeborenen
1949	1.049.385
1954	1.109.743
1959	1.243.922
1964	1.357.304
1969	1.142.366
1974	805.500

---

in: Gottfried Adam/Rainer Lachmann (Hrsg.), Neues Gemeindepädagogisches Kompendium (Arbeiten zur Religionspädagogik 40), Göttingen 2008, 111–128.

191 Die Zahlen der beiden folgenden Tabellen entstammen Christian Grethlein, Praktische Theologie, Berlin 2012, 218.220, und basieren auf den entsprechenden Daten des Statistischen Bundesamtes.

1979	817.217
1984	812.292
1989	880.459
1994	769.603
1999	770.744
2004	705.622
2009	665.126

Diese Veränderung hat unterschiedlichste Gründe, angefangen von der Verbreitung empfängnisverhütender Mittel über die stärkere Erwerbstätigkeit von Frauen bis zu hin einem Wandel von Lebensstil und -zielen u. v. m. Sie dürfte sich deshalb fortsetzen.

Dem entgegengesetzt steigt die Lebenserwartung stetig an. Diese Veränderung ist statistisch seit Längerem belegt, wie nachfolgende Tabelle zur Lebenserwartung der im jeweiligen Jahr Geborenen ergibt.

Lebenserwartung in Deutschland (1875 bis 2003)

Jahrgang	Jungen	Mädchen
1875	35,6	38,5
1905	44,8	48,3
1933	59,9	62,8
1950	64,6	68,5
1971	67,4	73,8
1987	72,2	78,7
1992	72,8	79,0
2003	75,9	81,5

Während 2009 21 % der Bevölkerung in Deutschland 65 Jahre und älter waren, werden dies – unter Fortschreibung der gegenwärtigen Verhältnisse – 2030 29 % und 2060 34 % sein; für den Anteil der 85 Jahre alten und älteren Menschen an der Bevölkerung wird folgende Zunahme erwartet: 2009: 2 %; 2030: 4 %; 2060: 9 %.[192]

Mit dieser Entwicklung geht eine *Zunahme pflegebedürftiger Menschen* einher. Zwischen 2000 und 2009 stieg deren Zahl von 2 Millionen auf gut 2,3 Millionen. Für 2030 werden etwa 3,4 Millionen Pflegebedürftige erwartet. Denn mit zunehmendem Alter steigt das Risiko, auf Pflege angewiesen zu sein.[193] Vor besondere Herausforderungen stellt dabei die Zunahme der Anzahl dementer Menschen. Derzeit leben etwa 1,3 Millionen Demenzkranke in Deutschland, 2030 werden es wahrscheinlich 2 Millionen sein, 2050 2,6 Millionen.[194]

Dementsprechend wird sich die Zusammensetzung der Gottesdienstgemeinden noch stärker auf alte Menschen hin verändern. Vor allem die zunehmende Zahl dementer Menschen, die schon aus ökonomischen Gründen in Zukunft mehrheitlich nicht in Heimen untergebracht werden können, stellt die liturgische Gestaltung vor neue Herausforderungen. Voraussichtlich werden in unseren Gottesdiensten vermehrt demente Menschen anwesend sein. Dies stellt neue grundsätzliche Anfragen an die traditionelle evangelische Betonung des Wortes, etwa in Form biblischer Lesungen. Denn dem steht die demente Aphasie gegenüber, also die Tatsache, dass demente Menschen diese Form von Sprache einbüßen bzw. verloren haben. Demgegenüber treten rituelle Handlungen wie die Feier des Abendmahls oder die Tauferinnerung ins Zentrum. Andrea Fröchtling beschreibt:

> »Im Rahmen eines Tauferinnerungsgottesdienstes im Demenzwohnbereich, in dessen Zentrum eine Taufschale mit Wasser, eine große

---

192 Nach Statistisches Bundesamt (Hrsg.), Ältere Menschen in Deutschland und der EU, Wiesbaden 2011, 11.

193 A. a. O., 82 f.

194 Berlin-Institut für Bevölkerung und Entwicklung (Hrsg.), Demenz-Report. Wie sich die Regionen in Deutschland, Österreich und der Schweiz auf die Alterung der Gesellschaft vorbereiten können, o. O. 2011, 16.

Taufkerze und ein Taufkleid standen, war eine der Lesungen die Geschichte von der Segnung der Kinder (Mk 10), die ich einmal in der unrevidierten Lutherfassung vorgelesen, einmal nacherzählt hatte. Während der Lesung und des Nacherzählens hatte eine der Mitfeiernden sich in liebkosenden Bewegungen einer Babypuppe gewidmet, die sie auf ihrem Schoß festhielt. Am Ende der Nacherzählung hielt sie dann mit einer Hand die Puppe in die Höhe, abwartend, auffordernd. Nachdem ich die Puppe gesegnet hatte, hielt sie sie dicht neben ihr Gesicht, wiederum abwartend. Als ich auch sie gesegnet hatte, schlief sie in enger Umklammerung an die Puppe ein.« Die Seelsorgerin interpretiert: »Reden mit Gott ist existentiell, bringt das gesamte Sein vor Gott und fordert ein Berührtwerden durch Gott ein.«[195]

Biblische Lesungen spielen also durchaus bei Gottesdiensten mit dementen Menschen eine Rolle. Allerdings bedürfen sie der Vergegenständlichung und der Wiederholung etwa in Form einer Erzählung. Dazu muss Raum sein für die unmittelbare Aneignung. Denn:

> »Religiöses Reden von Menschen mit Demenz hat einen anderen Schwerpunkt, nämlich den der Beziehung zum Du Gottes. Im eigenen religiösen Reden sprechen Menschen dieses Du oft sehr unmittelbar mit all ihrer Emotionalität an und suchen nach Ausdrucksformen, um dies mit Herzen, Mund und Sinnen zu tun.«[196]

Auch hier stellt sich also die Aufgabe der Inszenierung und der Elementarisierung biblischer Texte als vordringlich dar. Thematische Fokussierungen sind dabei unverzichtbar.[197]

---

195 Andrea Fröchtling, »Und dann habe ich auch noch den Kopf verloren ...« Menschen mit Demenz in Theologie, Seelsorge und Gottesdienst wahrnehmen (APrTh 38), Leipzig 2008, 178.

196 Ebd.

197 S. anschaulich am Beispiel von »Mitbringsel« und »Mitgebsel« Martina Plieth, »Da will ich hin, da darf ich sein ...« Zur Gottesdienstkultur im Altenheim, in: PTh 101 (2012), 169–187, 172–177.

4.3 Zeitrhythmen

Der Sonntag und die christlichen Hochfeste bestimmen wichtige Rhythmen der heutigen deutschen (und insgesamt westlichen) Gesellschaft. Die Lesungen im Gottesdienst beziehen sich hierauf, wobei das Kirchenjahr über die Hochfeste hinaus elaboriert ausgestaltet ist. Bei genauerem Hinsehen zeigen sich aber Veränderungen im gesellschaftlichen Zeitrhythmus:

Nicht nur symbolisch, sondern real bis hin zur Wochenstruktur in den Kalendern bedeutet die Empfehlung R 2015 der Internationalen Organisation für Standardisierung (ISO) der UNO einen Einschnitt.[198] Denn sie erklärt – entgegen bisherigem Brauchtum und kirchlicher Sitte – den Montag zum ersten und den Sonntag zum letzten Tag der Woche. Dem schloss sich 1975 Deutschland mit der DIN-Norm 1355 an.

Dahinter steht das Vordringen des »Wochenendes« als einer neuen Zeiteinheit, in die lebensweltlich der Sonntag integriert ist. Das englische »Weekend«, erstmals 1879 als Bezeichnung für den Zeitraum von Samstagnachmittag bis Sonntag nachgewiesen,[199] begann in Deutschland am Ende des 19. Jahrhunderts – langsam – seinen Siegeszug: Die Arbeitszeit wurde von den sonst üblichen elf auf zehn Stunden reduziert. Nach einigen Zwischenschritten, die zu einem Samstagnachmittag ohne Erwerbsarbeit führten, war der freie Samstag in den 50er Jahren des 20. Jahrhunderts eine wichtige gewerkschaftliche Forderung. Sie wurde ab den 60er Jahren zunehmend realisiert. Mittlerweile beginnt bei vielen

---

198 S. Guido Fuchs, Wochenende und Gottesdienst. Zwischen kirchlicher Tradition und heutigem Zeiterleben, Regensburg 2008, 33.

199 S. genauer, auch zur Entstehung in England und zum Folgenden, a. a. O., 37 f.

Berufstätigen das »Wochenende« bereits am Freitagnachmittag. Dass dazu gegenläufige Tendenzen zu beobachten sind, wurde unter dem Begriff Sonn- und Feiertagsarbeit bereits in Kapitel III, 2.4 erwähnt. Gemeinsam ist aber beiden Entwicklungen, dass die Besonderheit des Sonntags zurücktritt. Zum einen wird er – wieder – zum Arbeitstag, zum anderen zu einem Bestandteil des Wochenendes.

Auch hinsichtlich der kirchlichen Festzeiten sind Veränderungen unübersehbar:

Zum Ersten hat sich mit den sommerlichen Ferien ein den Jahresrhythmus bestimmender Zeiteinschnitt gebildet. Er fällt liturgisch in die sog. festlose Zeit, ist für viele Menschen aber von hoher Bedeutung.

Zum Zweiten verändert sich der für die Feste herkömmliche Rhythmus. Die Hochfeste werfen – wie die Schokoladen-Osterhasen im Februar oder die Lebkuchen Ende September in den Regalen der Geschäfte zeigen – ihre Schatten weit voraus, enden aber abrupt. Viele Kirchengemeinden begehen schon die zweiten Feiertage nur mit Mühe bzw. Uminterpretation gottesdienstlich. Die »österliche Freudenzeit« oder die Epiphaniaszeit sind Konstrukte historisch kundiger Liturgiewissenschaftler, ohne Bezug auf die gegenwärtige Lebenswirklichkeit. Dagegen wird in Schulen und Kindergärten – wegen der Ferienregelungen – entweder bereits in der Passionszeit Ostern und in der Adventszeit Weihnachten gefeiert, oder die liturgische Feier dieser Feste entfällt für nicht wenige Kinder.

Drittens bilden sich alte Feiertage zurück und es kommen neue Feste auf. So unterscheidet sich der Gottesdienstbesuch am Karfreitag kaum mehr von dem eines Sonntags.[200] Umge-

---

200 S. Kristian Fechtner, Im Rhythmus des Kirchenjahres. Vom Sinn der Feste und Zeiten, Gütersloh 2007, 104–106.

kehrt treibt Halloween nicht nur Kinder und Jugendliche zu Scharen auf die Straße und bestimmt mit entsprechenden Masken und Kostümen ganze Abteilungen der Kaufhäuser.[201]

Schließlich konstatiert Kristian Fechtner einen tiefgreifenden Wandel im Feier-Modus: den »Übergang von einer Erinnerungs- zu einer Feierkultur«.[202]

> Es fällt auf, dass »die Festereignisse dann für die Beteiligten bedeutsam werden, wenn sie spürbar und sinnenfällig als Erlebnis inszeniert werden können: als abendliche Adventsandacht, als weihnachtliches Krippenspiel, als Osternacht und in jüngster Zeit als Pfingstnacht, als Erntedankfeier oder im Fürbittritual mit Kerzen am Totensonntag.«[203]

Bezog sich traditionell das kirchliche Leben auf den Sonntag und damit auf den Wochenrhythmus und mit dem Kirchenjahr auf den Jahreszyklus, tritt zunehmend der *Monat als wichtige Zeiteinheit* hervor. Nicht nur das ökonomische Leben mit den Gehaltszahlungen, Kündigungsfristen u. Ä., sondern auch kulturelle Veranstaltungen sind an die Abfolge der Monate gebunden. Die Kirche bedient sich ebenfalls dieses Rhythmus,[204] etwa beim Turnus von Presbyteriumssitzungen, Bibelkreisen oder bei Gottesdiensten in besonderer Form. Dieser Rhythmus begegnet verstärkt in der Diaspora-Situation bei den im Monatsabstand in einem Kirchengebäude stattfindenden »sonntäglichen« Gottesdiensten und in der Kinderkirche.

---

201 S. a. a. O., 135–140.

202 A. a. O., 55.

203 Kristian Fechtner, Kirchenjahr und modernes Zeitempfinden, in: Kirchenamt der EKD/Amt der UEK/Amt der VELKD (Hrsg.), Auf dem Weg zur Perikopenrevision. Dokumentation einer wissenschaftlichen Fachtagung, Hannover 2010, 199–207, 203.

204 S. zum Folgenden Liturgische Konferenz (Hrsg.), Gottesdienst von Monat zu Monat. Elementares Kirchenjahr, Hannover 2009, Einführung.

So klaffen in mehrfacher Hinsicht das im liturgischen Kalender fixierte Kirchenjahr und die tatsächliche Lebenspraxis auseinander. Es ist interessant, dass in einem der wenigen Versuche, die Bedeutung des Monatsrhythmus ernst zu nehmen, auch anderweitig begegnende Impulse aufgenommen werden. So strukturiert die Liturgische Konferenz in ihrem Projekt *Elementares Kirchenjahr*[205] das Jahr in Monatsrhythmen, für die jeweils ein Leitmotiv, dann noch einmal in drei Unterthemen untergliedert, angegeben wird (s. Kap. VI, 3). Diesen wird je eine Lesung aus dem Alten Testament, aus den Episteln und aus den Evangelien zugeordnet, für die wiederum Überschriften genannt werden.

Hier wird durch die Leitmotive und Unterthemen eine Art Rahmenplan erstellt, der an die neueren curricularen Modelle in den Schulen erinnert (s. Kap. III, 2.5). Daraus könnte – als in dem Papier noch nicht gezogene Konsequenz – resultieren, auch andere, also nichtbiblische Texte zu verwenden.

4.4 Multireligiosität

Das bereits in Kapitel III, 1.1 bei den Überlegungen zur Kirchenmitgliedschaft und in Kapitel III, 2.1 bei den Hinweisen zur Internationalisierung anklingende Thema des religiösen Pluralismus bedarf noch eigener Betrachtung. Multireligiosität ist dabei in doppelter Hinsicht zu verstehen: als Beschreibung für die unterschiedlichen Daseins- und Wertorientierungen folgende Einstellung vieler Menschen und als Begriff für die Tatsache, dass verschiedene institutionalisierte Formen von Religion in Deutschland präsent sind.

Hubert Knoblauch weist in seiner Analyse der heutigen »populären Religion« auf deren Wurzeln in früher mit Volks-

---

205 Ebd.

frömmigkeit bzw. – dogmatisch normiert – Aberglauben bezeichnete Einstellungen hin:

> »Zum einen umfasst die populäre Religion die erneuerten Formen der ›popularen Religion‹, also all dessen, was einst Aberglauben hieß, die nun als Ufo-Glaube, als Praxis des Wünschelrutengehens, als Lehre von Erdstrahlen oder als esoterischer Glaube an die magische Kraft von Steinen oder Pyramiden ein breites Interesse genießen. Zur populären Religion zählen aber auch die Kommunikationsformen der populären Kultur, die bis tief in die Kirchen eindringen: Die Eventisierung der religiösen Zeremonie beim Papstbesuch und bei den Weltjugendtagen, die missionarische Verwendung von Pop-Musik, Videos und Show-Elementen bei charismatischen oder neo-pfingstlerischen Gottesdiensten ... Populäre Religion bedeutet aber auch, dass einst als sakral geltende Formen aus den religiösen Kontexten herausgehoben und in andere Kontexte versetzt werden, wie sich etwa an der Aufnahme protestantischer Bekenntnisformen in den verschiedenen Zweigen der Anonymen-Bewegung, den Ritualen von Sportfans und natürlich den Subkulturen der populären Musik zeigt«.[206]

Von daher finden biblische Lesungen in mehrfacher Hinsicht in einem neuen Kontext statt. Sie werden in Verbindung, vielleicht aber auch im Kontrast zu anderen Deutungsmustern und spirituellen Praktiken gehört. Die Ästhetik der allgemeinen Popularkultur stellt den Hintergrund dar, der gleichsam selbstverständlich präsent ist und die Zeitgemäßheit bzw. Unzeitgemäßheit des Gelesenen und seiner Darbietung anzeigt.

Dazu tritt auf der Ebene organisierter Daseins- und Wertorientierung die Konkurrenz bzw. das Miteinander mit anderen »heiligen« Texten. Der Religionswissenschaftler Wilfried Cantwell Smith erfasste die damit gegebene theologische Herausforderung anschaulich in der folgenden Frage: »Die Existenz der Milchstraße erklären wir durch die Lehre von der

---

206 Hubert Knoblauch, Populäre Religion. Auf dem Weg in eine spirituelle Gesellschaft, Frankfurt 2009, 266.

Schöpfung. Aber wie erklären wir die Existenz der Bhagavad Gita?«[207]

Wie eingangs erwähnt (Kap. I, 3) begegnen in der Liturgiegeschichte an verschiedenen Stellen nichtbiblische Lesungen. In der Alten Kirche bezogen sie sich auf Äußerungen von Märtyrern u. Ä. Bildliche Ausgestaltungen von Klöstern etwa auf dem Athos zeigen darüber hinaus, dass – heute als heidnisch geltende – antike Philosophen wie Sokrates früher selbstverständlich zur Schar der Heiligen vor Gott gezählt wurden. In einer Welt, in der die heiligen Schriften verschiedener Religionen zugänglich sind und in den Medien en passant begegnen (können), müssen sich Christen überlegen, welchen Stellenwert diese für ihren eigenen Glauben haben (s. Kap. V, 4.2).

Dabei ist – neben der lebensweltlich gebotenen Offenheit – darauf zu achten, dass es nicht zu gutgemeinten, aber okkupatorischen Vereinnahmungen kommt. Das gilt ebenso für die Hebräische Bibel und das Verhältnis zum Judentum.

Auf jeden Fall können gottesdienstliche Lektionspläne heute nicht nur aus repetitiven Fortschreibungen von Listen aus Zeiten bestehen, deren Gesellschaftsformation man vielleicht als Corpus Christianum verstehen konnte. Vielmehr bedürfen sie einer religionstheologischen Reflexion. Und diese kann nicht nur abstrakt erfolgen, sondern wird sich stets auf die konkreten Verhältnisse vor Ort und die potenziell an der liturgischen Feier Teilnehmenden beziehen müssen.[208]

---

207 Zitiert nach Perry Schmidt-Leukel, Gott ohne Grenzen. Eine christliche und pluralistische Theologie der Religionen, Gütersloh 2005, 33.

208 S. hierzu die grundsätzlichen Überlegungen in: Liturgische Konferenz (Hrsg.), Mit Anderen Feiern – gemeinsam Gottes Nähe Suchen. Eine Orientierungshilfe der Liturgischen Konferenz für christliche Gemeinden zur Gestaltung von religiösen Feiern mit Menschen, die keiner christlichen Kirche angehören, Gütersloh 2006, 53–65.

4.5 Inklusion

Gegenwärtig bestimmt das Konzept der Inklusion zunehmend die schulpolitische und -pädagogische Diskussion.[209]
Doch bezieht sich das dabei zugrunde liegende Übereinkom-
men der Vereinten Nationen über die Rechte von Menschen
mit Behinderung, das Deutschland 2007 unterzeichnete, auf
alle Lebensbereiche. Durch die Begründung der Konvention
in den Menschenrechten (Art. 1 und 3) sind alle Bereiche des
menschlichen Lebens eingeschlossen.

Zwar richtet sich der Text an die Staaten als Unterzeich-
ner, doch legt sich aus sachlichen Gründen nahe, dass auch
die Kirchen ihre Praxis inklusionstheoretisch überprüfen.
Denn Jesu Wirken richtete sich grundsätzlich an alle Menschen. In seinen Heilungen wandte er sich sogar in besonderer, ihre physische, psychische und soziale Not gleichermaßen beachtender Weise behinderten Menschen zu. Auf
sich daraus ergebende liturgische Gesichtspunkte macht der
knappe Bericht einer Frau über einen Pfingstgottesdienst aufmerksam, den Menschen mit unterschiedlichen, teils körper-
lichen, teils geistigen Behinderungen und Nichtbehinderte
gemeinsam feierten:

> »Bei den Vortreffen, an denen Behinderte und Nichtbehinderte betei-
> ligt waren, beschäftigten wir uns zunächst mit dem Text, der Pfingst-
> geschichte, und überlegten dann, wie wir die Geschichte so umsetzen
> konnten, dass sie, den unterschiedlichen intellektuellen Möglichkei-
> ten der Teilnehmer entsprechend, möglichst für alle erfassbar wurde.
> Das bedeutete, möglichst viele Sinne anzusprechen und die Gemeinde
> auch durch Bewegungen zu aktivieren. So führten wir beispielsweise

---

209 S. z. B. Bertelsmann Stiftung/Beauftragter der Bundesregierung für die
Belange behinderter Menschen/Deutsche UNESCO-Kommission (Hrsg.),
Gemeinsam lernen – Auf dem Weg zu einer inklusiven Schule, Gütersloh
2011.

in ›das Rauschen, das durch das ganze Haus ging‹ mit Atemübungen ein. Oder es bekam zum Ende des Gottesdienstes jeder ein Windrad, um die Kraft des Windes und des Heiligen Geistes deutlich zu machen. ...

Beeindruckend für mich waren bei diesem Gottesdienst die Fröhlichkeit und Direktheit, aber auch Ernsthaftigkeit, mit der alle sich aktiv beteiligten.

Jeder war durch Musik, Bewegung, Gespräche usw. miteinbezogen, jeder so gut er konnte. Beeindruckend fand ich auch, wie unorthodox Oekumene umgesetzt wurde.«[210]

Deutlich tritt hier die Bedeutung der Wahrnehmung des biblischen Textes mit allen Sinnen hervor. Atemübungen stellen einen Zusammenhang zwischen Gottes Geist und dem einzelnen Menschen her, der auch für kognitiv eingeschränkte Menschen nachvollziehbar ist. Gerade an Pfingsten tritt so das Potenzial biblischer Lesungen hervor, das durch bloßes Vorlesen nicht hinreichend erschlossen wird.

Die Herausforderung der Inklusion nötigt dazu, das Kriterium der Lektionabilität genauer auszuarbeiten. Wer soll das Vorgelesene verstehen können? Menschen mit mindestens Abitur als Bildungsabschluss oder auch Menschen ohne abgeschlossene Schulausbildung, auch geistig Behinderte?

Die evangelischen Kirchen haben dadurch, dass sie alle Menschen taufen – ungeachtet ihres Alters, ihrer Schichtzugehörigkeit, ihrer Intelligenz o. Ä. – diese Fragen bereits beantwortet. Im öffentlichen Gottesdienst sind demnach die Lesungen so auszuwählen und zu gestalten, dass sie grundsätzlich allen Menschen zugänglich sind. Die Übersetzung in die sog. Leichte Sprache[211] kann dazu ein wichtiges Hilfsmit-

---

210 Zitiert in Katharina Stork-Denker, Beteiligung der Gemeinde am Gottesdienst (APrTh 35), Leipzig 2008, 225 f.

211 S. Europäische Vereinigung der International League of Societies for Per-

tel sein, das durch den Zwang zu Klarheit und Konzentration auch homiletischen Ertrag verspricht.

4.6 Zusammenfassung

In gesellschaftlicher Perspektive ergeben Veränderungen bzw. neue Initiativen in mehrfacher Hinsicht Anstöße, um über den gottesdienstlichen Umgang mit Texten und damit auch die Form der Perikopenordnung nachzudenken. Der Wandel hin zur Zivilgesellschaft impliziert die kritische Frage: Sind feste Leseordnungen angemessen? Feste Listen wie die Perikopenordnung sind in sozialgeschichtlicher Perspektive eher das starre Instrument einer obrigkeitlich orientierten, staatsanalogen Institution als die – grundsätzlich flexible – Äußerung einer zivilgesellschaftlichen Organisation.

Zudem lässt die gegenwärtige Diskussion zur Perikopenrevision nicht erkennen, dass die Herausforderungen im Blick sind, die der demographische Wandel und der menschenrechtlich begründete Anspruch auf Inklusion implizieren. Lektionabilität muss angesichts dessen noch einmal neu und elementarer bestimmt werden. Die bei vielen Texten der heutigen Leseordnung implizierte Orientierung an formal höher Gebildeten widerspricht dem Evangelium Jesu von Nazaret, der sich Behinderten und Kranken zuwandte.

Schließlich gilt es, die mit den Veränderungen der Zeitrhythmen und mit der multireligiösen Prägung heutiger Gesellschaft gegebenen Herausforderungen ernst zu nehmen. Erste Versuche, wie etwa das »Elementare Kirchenjahr« oder

---

sons with Mental Handicap (Hrsg.), Sag es einfach! Europäische Richtlinien für die Erstellung von leicht lesbaren Informationen für Menschen mit geistiger Behinderung für Autoren, Herausgeber, Informationsdienste, Übersetzer und andere interessierte Personen, Brüssel 1998.

multi- bzw. interreligiöse Feiern, weisen in diese Richtung und verdienen Beachtung.

5. Theologie

Schließlich hat sich die Situation in der Theologie seit den 50er Jahren des 20. Jahrhunderts erheblich verändert. Bei der OLM begegnete bereits der Kurswechsel in der Katholischen Theologie, wie er in den Texten des Zweiten Vaticanums zum Ausdruck kommt. Das Wahrnehmen der »Zeichen der Zeit« – so die programmatische Formulierung der Pastoralkonstitution[212] – erweiterte in vieler Hinsicht den Horizont theologischer Reflexion und führte u. a. praktisch zur grundlegenden Reform der gottesdienstlichen Leseordnung (s. Kap. II, 2.5). Doch fand der Impuls der Konstitution »Gaudium et Spes« in der (deutschen) evangelischen Praktischen Theologie keinen Eingang.[213]

Die Arbeit an der Perikopenrevision berücksichtigt(e) aber auch die Entwicklung innerhalb der deutschsprachigen Evangelischen Theologie erstaunlich wenig. Damit kann sie das hier erarbeitete Innovationspotenzial nicht aufnehmen.

Im Folgenden versuche ich, den theologischen Wandel in einer gewissen Fokussierung auf die praktische Disziplin zu skizzieren. Ich beginne mit einem wissenschaftstheoretischen Hinweis. Dann werden einige programmatische Umstellun-

---

212 S. Helmut Krätzl, Kirche im »Sprung nach vorwärts« (Johannes XXIII.). Bilanz eines Zeitgenossen zur Bedeutung von Gaudium et spes für das Konzil, in: PthI 25 (2005/2), 11–26.

213 S. zu den Gründen Christian Grethlein, Die Rezeption der Pastoralkonstitution aus Perspektive evangelischer Praktischer Theologie, in: PthI 25 (2005/2), 75–86.

gen stichwortartig aufgerufen: von der »Verkündigung« zur »Kommunikation des Evangeliums«; von der »Christozentrik« zur pluralistischen Religionstheologie; von der Betonung des Traditionsbezugs hin zur Einsicht in die Bedeutung der Performanz. Grundlegend ist dafür jeweils das Wissen um die Kontextualität jeder theologischen Forschung und die sich daraus ergebende Differenzierung der Forschungen.

5.1 Von der Deduktion zur Multitopik

In den 20er Jahren des 20. Jahrhunderts begann – vor dem Hintergrund der Katastrophe des Ersten Weltkriegs – der Siegeszug der sog. Wort-Gottes-Theologie. Ihr Wortführer Karl Barth legte mit seiner zwischen 1932 und 1967 (Registerband 1970) erschienenen »Kirchlichen Dogmatik« ein imposantes, sich primär aus der dogmen- bzw. theologiegeschichtlichen Tradition speisendes Werk vor, das vielfältig wirkte. Die Erfahrungswissenschaften hatten darin allenfalls die Funktion der Abgrenzung. Ihren Aufschwung in den 60er Jahren nahm Barth nicht zur Kenntnis.

Mittlerweile ist aber selbst Theologen, die in der Tradition des Barth'schen theologischen Aufbruchs stehen, deutlich, dass die unter dem Begriff Pluralismus zusammengefassten Diversifizierungsprozesse in der Evangelischen Theologie Beachtung verdienen. Vor allem treten früher selbstverständliche Abgrenzungen zwischen Wissensgebieten und Reflexionsformen zurück. Ingolf Dalferth konstatiert die dadurch gegebene Notwendigkeit einer grundlegenden Umstellung des theologischen Denkstils:

> »Methodisch steht damit nicht mehr die möglichst vollständige Bestimmung gesellschaftlicher Funktionsbereiche und die klassifizierende Beschreibung der für sie charakteristischen Phänomene im Vordergrund, sondern die Ausarbeitung der Eigentümlichkeiten

bestimmter Perspektiven, in denen Phänomene unter bestimmten Fragestellungen ins Auge gefasst, beschrieben und analysiert werden können, die Erkundung des möglichen Erkenntnisgewinns, der in diesen Perspektiven erzielt werden könnte (einschließlich der Klarstellung dessen, welche Erkenntnisse so nicht zu gewinnen sind), die Gesichtspunkte und Fragestellungen, die für sie leitend sind, und die Bestimmung der Örter, an denen etwas in diesen Perspektiven in den Blick gefasst und verstanden werden kann.«[214]

Es folgt daraus für die Theologie »ein topisches Denken in Perspektiven und Horizonten, das sensibel ist für die Vielaspektigkeit und Rekombinierbarkeit der Phänomene«.[215] Und:

»Wie etwas zu verstehen ist, was jeweils wahr ist, gewiss sein kann und verbindlich gilt, lässt sich nicht zeitfrei, situationsunabhängig und auf nur eine ›richtige‹ Weise inhaltlich fixieren, sondern muss als immer wieder neues, konkretes Zustandekommen von Verständnis, Wahrheit, verlässlicher Gewissheit und gemeinsamer Verbindlichkeit unter Bedingungen pluraler Meinungen, verschiedener Hinsichten und divergierender Ansichten verstanden und beschrieben werden«.[216]

Von dieser wissenschaftstheoretischen Bestimmung her wird deutlich: Das Bemühen um eine möglichst in allen deutschen evangelischen Kirchen gültige Leseordnung ist am früheren, deduktiv aus der eigenen Tradition argumentierenden Paradigma von Theologie orientiert. *Der Situationsbezug von Theologie und die prozessuale Form der gemeinsamen Kommunikation des Evangeliums als eines Interpretationsprozesses* sind hier noch nicht im Blick.

---

214 Ingolf U. Dalferth, Evangelische Theologie als Interpretationspraxis (ThLZ.F 11/12), Leipzig 2004, 11 f.

215 A. a. O., 12.

216 A. a. O., 12 f.

5.2 Von Verkündigung zu Kommunikation des Evangeliums

In der Praktischen Theologie tritt dieser Paradigmenwechsel exemplarisch am Übergang der Orientierung am Verkündigungsbegriff hin zur Wendung »Kommunikation des Evangeliums« hervor. Am Beginn dieser begrifflichen Umstellung stand 1956 die Einsicht des holländischen Ökumenikers und Missionswissenschaftlers Hendrik Kraemer:

> »Die Kirche von heute lebt in einer säkularisierten und in Desintegration begriffenen Massengesellschaft, welche ungewöhnlich dynamisch ist. Die Kirche führt sich aber in vielen Beziehungen so auf, als lebte sie immer noch in der alten, stabilen, begrenzten Welt.«[217]

Ernst Lange nahm diesen Impuls modifiziert auf und spitzte ihn in seiner kommunikationstheoretischen Bedeutung zu:

> »Wir sprechen von Kommunikation des Evangeliums und nicht von ›Verkündigung‹ oder gar ›Predigt‹, weil der Begriff das prinzipiell Dialogische des gemeinten Vorgangs akzentuiert und außerdem alle Funktionen der Gemeinde, in denen es um die Interpretation des biblischen Zeugnisses geht – von der Predigt bis zur Seelsorge und zum Konfirmandenunterricht – als Phasen und Aspekte ein und desselben Prozesses sichtbar macht.«[218]

Im Zuge der weiteren Ausarbeitung des Kommunikationsbegriffs in verschiedenen nichttheologischen Wissenschaften[219] treten die damit verbundenen Implikationen hervor. Kommunikation im Bereich der Daseins- und Wertorientierung ist demnach in einer pluralistischen Gesellschaft u. a. durch

---

217 Hendrik Kraemer, Die Kommunikation des christlichen Glaubens, Zürich 1958 (engl. 1956), 91.

218 Ernst Lange, Aus der »Bilanz 65«, in: Ders., Kirche für die Welt. Aufsätze zur Theorie kirchlichen Handelns, hrsg. v. Rüdiger Schloz, München 1981, 63–160, 101.

219 S. zusammenfassend Christian Grethlein, Praktische Theologie, Berlin 2012, 144–157.

den Wechsel von Redundanz, also Bekanntem, und Selektion, also Neuem, sowie durch Ergebnisoffenheit gekennzeichnet. Fixierte Ordnungen müssen deshalb daraufhin befragt werden, ob sie solche Kommunikationsprozesse eher eröffnen oder behindern bzw. verschließen.

Demnach ist nicht mehr die direkte Weitergabe von Feststehendem das Ziel, wie der – aus heutiger Sicht kommunikationstheoretisch unterbestimmte – Verkündigungsbegriff implizierte, sondern die Initiierung von ergebnisoffenen Verständigungsprozessen. Die biblischen Texte spielen dabei für Christen eine grundlegende, aber keine exklusive Rolle. Vielmehr geht es darum, sie für die konkrete Situation zu erschließen und diese so in einem neuen Licht erscheinen zu lassen.

Konsequent weiterverfolgt, führt dieser Ansatz nicht nur zu einem dualen Verständnis der Predigtvorbereitung,[220] sondern legt die Möglichkeit von sog. Themenpredigten nahe,[221] insofern diese einen direkten Situationsbezug haben. Für das rhetorische und inhaltliche Potenzial solcher textfreien, aber gleichwohl biblisch orientierten Predigten liefern die Invokavitpredigten Martin Luthers ein anschauliches Beispiel.[222] Der Reformator nahm hier direkt zu aktuellen Fragen im Licht des Evangeliums Stellung.

---

220 Konkret durchgeführt findet sich dieser Ansatz in den von Ernst Lange mitbegründeten, seit 1968 erscheinenden Predigtstudien, die der Predigtvorbereitung dienen.

221 S. zu den dies einlösenden vier erschienenen Themenstudien Roman Rössler, Gravamina gegen die geltende Ordnung der Predigttexte, in: Kirchenamt der EKD/Amt der UEK/Amt der VELKD (Hrsg.), Auf dem Weg zur Perikopenrevision. Dokumentation einer wissenschaftlichen Fachtagung, Hannover 2010, 135-142, 142.

222 S. Wilfried Engemann, Einführung in die Homiletik, Tübingen ²2011, 101.

5.3 Von Christozentrik zu pluralistischer Religionstheologie

Das *solus Christus* ist eine zentrale Einsicht reformatorischer Theologie. Eindrücklich schildert Luther etwa im Sermon von der Bereitung zum Sterben (1519), dass nur die Konzentration auf den Gekreuzigten in der Sterbestunde Heilsgewissheit vermittle (WA 2,685–697). Er setzt damit einen wirksamen Kontrapunkt gegenüber menschlicher Leistungsfähigkeit und frommen, die Gewissen beschwerenden Zusätzen der römischen Kirche in Form von Zeremonien, Sittenlehren oder Glaubenssätzen.

Auch die Wort-Gottes-Theologie gewann ihre Dynamik und die Begründung ihres Widerstandes gegenüber der nationalsozialistischen Ideologie und deren deutschgläubigen Adaptionsformen aus einem christozentrischen Ansatz. Allein in Jesus Christus hatte sich demnach Gott zum Heil der Menschen offenbart. Bibel und Predigt galten als abgeleitete Formen dieses »Wortes Gottes«.

Allerdings lag im trinitätstheologisch eingeholten Bezug auf die *Schöpfung* ein Thema, das ein Ausgreifen über die Christusoffenbarung hinaus implizierte bzw. erlaubte. So entfaltete Barth später unter der Überschrift der christologischen Bestimmung vom ersten Artikel der Barmer Theologischen Erklärung[223] her seine sog. Lichterlehre, nach der der Kosmos wenigstens im Lichte Christi in den Blick kam. Damit war eine erste Öffnung für die Beschäftigung mit anderen Religionen gegeben.

Im Zuge der Globalisierung und damit direkter Kontakte zu Menschen mit anderer Daseins- und Wertorientierung wurde die theologische Verhältnisbestimmung zu anderen Religionen dringender. Mittlerweile hat sich die Religions-

---

223 So am Beginn in § 69 in KD IV,3, 1.

theologie als ein eigener Forschungszweig herausgebildet.[224] Dabei geht es sowohl um das Verständnis und die Beurteilung anderer Religionen als auch um das Verständnis und die Beurteilung des Christentums angesichts der anderen Religionen.[225] Verschiedene, häufig mit den Attributen exklusivistisch, inklusivistisch und pluralistisch unterschiedene Modelle werden dazu gegenwärtig diskutiert.

Hinsichtlich der Frage nach der Perikopenordnung ergibt sich – abgesehen von der religionstheologischen Herausforderung, die Bedeutung nichtchristlicher Texte zu bestimmen – ein neuer Hintergrund für das Lesen aus der Bibel. Denn biblische Texte erklingen heute in einem Kontext, in dem auch andere heilige Texte präsent sind. Eine Zuspitzung erfährt dies durch die besondere Bedeutung der koranischen Rezitation und entsprechende Kantillationsweisen im Islam.

5.4 Von Traditionsbezug zur Performanz

Besonders in der Religionspädagogik, aber auch in der Homiletik ist eine Umstellung von der Konzentration auf den Inhalt zu einem Interesse am performativen Ausdruck zu beobachten. – In der Religionspädagogik führte die Wahrnehmung des großen Abstandes vieler Schüler/innen gegenüber den traditionell im Religionsunterricht behandelten Inhalten, etwa biblischen Texten, zu einem Entdecken der »Verschränkung von kommunikativem Gehalt und kommunikativer Gestalt«[226]. Das bereits länger katechetisch erprobte Wissen

---

224 Zum Begriff s. Michael Hüttenhoff, Der religiöse Pluralismus als Orientierungsproblem. Religionstheologische Studien, Leipzig 2001, 11-19.

225 S. Perry Schmidt-Leukel, Gott ohne Grenzen. Eine christliche und pluralistische Theologie der Religionen, Gütersloh 2005, 34.

226 Bernhard Dressler/Thomas Klie/Martina Kumlehn, Einleitung, in: Dies.,

um die Bedeutung von Methoden für die Erschließung biblischer Inhalte erhält durch das vor allem theaterwissen-
schaftlich[227] geprägte Konzept der Performanz einen theore-
tischen Rahmen, der neue praktische Impulse auslöst. Es lässt
sich in der Unterrichtspraxis gut beobachten, dass beim Bemühen um eine angemessene, d. h. die kommunizierenden
Schüler und den Unterrichtsgegenstand gleichermaßen be-
rücksichtigende Kommunikation eine eigene hermeneutische Dynamik entsteht. Die grundsätzliche Ergebnisoffenheit
von Kommunikation äußert sich hier in der Differenz zwischen dem in den Unterricht eingebrachten Lerngegenstand
und dem Lerninhalt, der erst im Lernprozess entsteht.[228]

In der Homiletik in Deutschland greift die Hinwendung
zum Performanzkonzept vor allem auf Impulse der US-amerikanischen Predigtpraxis und -theorie zurück. Martin Nicol
konstruiert entsprechend die Predigt »in Analogie zur Perfor-
mance im Bereich der Performing Acts«[229]. Dabei leitet ihn die
Auffassung, »dass es die Aufgabe der Predigt nicht sei, eine
Wahrheit des Glaubens zu erklären (*deductive preaching*), sondern Erfahrungen des Glaubens zu teilen (*inductive preaching*).«[230]

Unterrichtsdramaturgien. Fallstudien zur Performanz religiöser Bildung, Stuttgart 2012, 11.

227 S. grundlegend Erika Fischer-Lichte u. a. (Hrsg.), Theatralität als Modell in
den Kulturwissenschaften, Tübingen 2004.

228 Thomas Klie/Bernhard Dressler, Performative Religionspädagogik. Re-
zeption und Diskussion 2002–2008, in: Thomas Klie/Silke Leonhard
(Hrsg.), Performative Religionsdidaktik. Religionsästhetik - Lernorte -
Unterrichtspraxis, Stuttgart 2008, 225–236, 229.

229 Martin Nicol, Einander ins Bild setzen. Dramaturgische Homiletik, Göttingen 2002, 34.

230 A. a. O., 35.

Die skizzierten religionspädagogischen und homiletischen Bemühungen rücken *die Bedeutung der konkreten Lesung als einer eigenen Kommunikationsform* in den Mittelpunkt. Sie ist keinesfalls etwas nur Äußerliches, sondern ist
ein Akt personaler Kommunikation (s. Kap. V, 3.2). Von da aus
ergeben sich die Einsicht in das besondere Verhältnis zwischen biblischem Text und Lektor sowie die Aufgabe der Inszenierung eines Textes.

5.5 Kontextualität und Differenzierung

Die beschriebenen kirchlichen, politischen, kulturellen, gesellschaftlichen und theologischen Veränderungen können
als Formen von Kontextualisierungen interpretiert werden.
Theologische Reflexion hat sie aufzunehmen, will sie die »Zeichen der Zeit« beachten. Dabei sind die zunehmenden Diffe-
renzierungsprozesse unübersehbar. Seien es Milieutheorien
bei Fragen der Gemeindeorganisation, kinder- und jugend-
theologische Ansätze in der Religionspädagogik oder semiotische Zugänge zur Liturgik: Sie implizieren notwendige Differenzierungen und stehen pauschalen Aussagen entgegen.
Mit dem Wegfall von äußerem, bis ins 19. Jahrhundert mit
Polizeigewalt exekutiertem Zwang *in rebus religionis* ist in
der Kommunikation des Evangeliums und der auf sie bezogenen theologischen Theoriebildung eine deutliche Tendenz
zur Pluriformität zu beobachten.

Von daher stellt sich noch einmal grundsätzlich die Frage:
Ist eine einheitliche Leseordnung im sonntäglichen Gottesdienst der Kommunikation des Evangeliums unter diesen Bedingungen förderlich? *Einheitsmodelle erscheinen nur noch
zukunftsträchtig, wenn sie genügend innere Flexibilität besitzen, um kontextbezogen – und das heißt heute angesichts
vielfältiger Differenzierungen – ihre Aufgaben zu erfüllen.*

5.6 Zusammenfassung

Die theologischen Veränderungen können unschwer als Konsequenz aus dem vielfältigen, nur exemplarisch beschreibbaren Wandel verstanden werden. Sie werfen drei Grundfragen auf: Ist eine Leseordnung, die für jeden Ort in Deutschland einheitlich die biblischen Lesungen für den Sonntagsgottesdienst bestimmt, weiterhin sinnvoll? Entspricht sie den bestehenden kommunikativen Rahmenbedingungen, die deduktive Lehrsysteme obsolet erscheinen lassen? Übergeht diese Ordnung nicht die Kontextualität der Kommunikation des Evangeliums und unterläuft damit grundlegende hermeneutische Anforderungen an den (öffentlichen) Umgang mit biblischen Texten?

Dazu stößt die Theologie auf die Bedeutung der Performanz, insofern sich Inhalte erst in kommunikativen Prozessen erschließen, die wiederum gestaltet werden müssen. Dies hat Bedeutung nicht zuletzt für die Frage nach Zahl und Umfang der im Gottesdienst gelesenen Texte.

6. Ausblick

Der in fünf Bereichen jeweils an fünf Beispielen skizzierte Wandel in den Jahren seit der Einführung der OPT von 1958 wirft die Frage auf: *Ist eine Revision, die sich lediglich auf den eventuellen Austausch einzelner Texte und Veränderungen im Zuschnitt von Perikopen beschränkt, heute noch ausreichend?*

Folgende Veränderungen erfordern ein grundsätzliches Überdenken des Modus der Leseordnung sowie der Gestaltung von biblischen Lesungen im Gottesdienst:

– Es ist damit zu rechnen, dass am Gottesdienst Menschen teilnehmen, die über kein bzw. wenig Grundwissen zum

Christentum und damit zur Bibel verfügen. Auch fehlen den meisten Menschen heute wichtige, in den biblischen Texten als selbstverständlich vorausgesetzte Erfahrungen. Das distanzierte Verhältnis zur Natur und die Umstellung vom Paradigma des Überlebens zu dem des Erlebens erhellen exemplarisch die Grundsätzlichkeit im Wandel der Verstehensbedingungen.

Luthers entschiedenes Eintreten für die Predigt, also das Verständlich-Machen der biblischen Botschaft, bekommt so neue Bedeutung. Biblische Lesungen haben demnach kein sakrosanktes Eigengewicht, sondern eine Funktion für die konkrete Gestaltung des Lebens und damit auch des Verhältnisses zu Gott. Sie sind also im Gottesdienst von vornherein auf die gegenwärtige Lebenswelt zu beziehen. Dies hat Konsequenzen für die *Auswahl und Präsentation der Lektionen.*

– Angesichts der Pluralisierung der Einstellungen und Lebensformen stellt sich die Frage: Ist eine feststehende Ordnung, die jedem Sonntag bestimmte Lesetexte und einen Predigttext zuweist, noch angemessen? In sozialgeschichtlicher Perspektive entspricht sie mehr dem Usus einer staatsanalogen Institution als einer zivilgesellschaftlich agierenden Organisation.[231]

Die Weiterentwicklung der Agende I über die Erneuerte Agende zum Evangelischen Gottesdienstbuch[232] war liturgisch ein konzeptioneller Schritt, um die konkrete Situation vor Ort und damit *die Kontextualität jeder Kommunikation*

231 S. Christian Grethlein, Probleme hinter den Bemühungen um Kirchenreform – Kirche im Übergang von einer staatsanalogen Institution zu einer zivilgesellschaftlichen Organisation, in PrTh 48 (2013), 35–41.

232 S. Helmut Schwier, Die Erneuerung der Agende (Leit. NF 3), Hannover 2000.

des Evangeliums zu berücksichtigen. Passt dazu eine statische, zentral festgelegte Perikopenordnung?

– Weiter bestimmen ästhetische Ansprüche in verstärktem Maß die Kommunikation. In mehrfacher Hinsicht trat in den Analysen *die Bedeutung der konkreten Inszenierung von Lesungen für die Rezeption ins Blickfeld*. Unter gegenwärtigen Kommunikationsbedingungen beziehen sich die damit verbundenen Aufgaben keineswegs nur auf sog. Äußerliches, das dann als sekundär auch gegebenenfalls vernachlässigt werden könnte. Vielmehr drückt sich hier für die Zuhörenden der Gehalt selbst aus.

Daraus ergeben sich praktische Konsequenzen, z. B.: Muss nicht die literarisch begründete Unterscheidung zwischen alttestamentlichen Texten, Epistel- und Evangelientexten ästhetisch zum Ausdruck kommen, wenn sie für die Zuhörenden sinnvoll sein soll?

– Schließlich stellt sich die grundsätzliche *Frage nach dem Lesen nichtbiblischer Texte* im Gottesdienst. Christentumsgeschichtlich gab es immer wieder eine solche Praxis. Das Lesen von Märtyrer-Akten in der Alten Kirche verfolgte ebenso wie die Katechismus-Lektion das Ziel, das Evangelium lebensnah zu kommunizieren – ein Ziel, das heute von großer Bedeutung ist.

Eine neue Situation entsteht bei multi- bzw. interreligiösen Feiern. Religionstheologisch geht es dabei um die Bedeutung anderer heiliger Schriften wie vor allem des Korans für die Kommunikation des Evangeliums.

IV. Grundperspektiven: Die Bibel im Gottesdienst

Bereits im 1. Kapitel wurde auf die Problematik der allgemeinen Rede von »der« Bibel hingewiesen. Ulrich Körtners pointierte These von der evangelischen Bibel als »Hybrid« (s. Kap. I,2) sowie die Hinweise auf Klärungsbedarf hinsichtlich des Umfang des Kanons (besonders Weisheit Salomos und Jesus Sirach; ebd.) markieren, dass der Bezug auf die Bibel keinen der Kommunikation entzogenen festen Bezugspunkt bezeichnet. Dazu – und dem gilt im Folgenden das Augenmerk – kann die Bibel, genauer: können die biblischen Bücher nur ausschnittsweise zum Vortrag kommen. Dies gilt nicht nur für den einzelnen Gottesdienst, sondern für Gottesdienste insgesamt. Stets kommt nur eine Auswahl der möglichen Texte zur Sprache. Das Problem interessiert liturgisch vor allem als ein inhaltliches. Welche biblischen Texte sollen im Gottesdienst verlesen werden – und welche nicht?

In der Tradition bildeten sich grundsätzliche hermeneutische Lösungsansätze zu dieser Frage heraus. Zwei davon seien kurz genannt. Die dabei begegnenden Probleme hinsichtlich der Kontextualität werden in dem die neuere Praktische Theologie zunehmend bestimmenden Leitbegriff der Kommunikation des Evangeliums konstruktiv aufgenommen und bearbeitet.

Wird so die Bibel im Gottesdienst der für Kirche und Christsein konstitutiven Förderung der Kommunikation des Evangeliums zugeordnet, stellt sich die Frage nach dem Zusammenhang mit der jeweiligen Kultur, wozu auch der Widerspruch in Form von Kulturkritik gehört.

1. Konzeptioneller Rahmen

Der Umgang mit der Bibel im Gottesdienst, angefangen von
der Auswahl der Texte bis hin zur Auslegung in der Predigt
bzw. zur Aufnahme in Gebeten und Liedern, verdankt sich jeweils einem hermeneutischen Vorverständnis. Das galt auch
für die Maxime in der Wort-Gottes-Theologie, in der Predigt
den Text nur »nachzusprechen«[233] – hier unterblieb nur die
hermeneutische Reflexion. Im Folgenden werden kurz Ansätze hierzu diskutiert, die sich grundsätzlich auf den ganzen
biblischen Kanon beziehen.[234]

1.1 Traditionelle Modelle der Sach-Hermeneutik

Das wohl berühmteste Sachkriterium für den Umgang mit
den biblischen Texten formulierte Martin Luther in seiner
»Vorrede auf die Episteln S. Jacobi und Judas«: »ob sie (sc. die
biblischen Bücher, Ch. G.) Christum treiben oder nicht / Sin-
temal alle Schrift Christum zeiget« (WA DB VII, 384). Man wird
kaum die zentrale Bedeutung von Jesus Christus bestreiten
können und im Neuen Testament zahlreiche Verse finden,
die hierzu als Beleg dienen können. Doch eröffnet »Christum
treiben« wiederum einen Interpretationsraum. Die Probleme,
die Luther bekanntlich mit dem Jakobus-Brief hatte, stellen
sich aus der Sicht heutiger exegetischer Erkenntnisse, die den
Charakter dieser Epistel aus seinem (vermutlichen) Kontext

---

233 So zu Recht Michael Meyer-Blanck, Gottesdienstlehre, Tübingen 2011, 437.

234 Die bei den Deutschen Christen propagierte Abwertung des Alten Testaments und seine Ausgliederung aus dem Gottesdienst waren wohl der
letzte große Versuch, die Bibel programmatisch zu reduzieren. Er zerstör-
te letztlich die Basis für ein sachgerechtes Verständnis des Neuen Testaments (s. z. B. Frank Crüsemann, Das Alte Testament als Wahrheitsraum
des Neuen. Die neue Sicht der christlichen Bibel, Gütersloh 2011).

heraus verstehen, anders dar.[235] Demnach lässt sich im Jakobusbrief die auf der wörtlichen Ebene begegnende direkte Differenz zu paulinischen Aussagen vom veränderten (späteren) Kontext her erklären. In solcher Perspektive erscheint dieser frühchristliche Text als eine durchaus wichtige Stimme für die Orientierung christlicher Gemeinde.

Das Problem der mangelnden *Berücksichtigung des Kontextes* stellt sich ebenfalls bei der Weiterentwicklung dieses Zugangs, der unter dem Begriff des »Kanons im Kanon«[236] oder der Frage nach der »Mitte der Schrift« ausgearbeitet wurde. Theologisch ist die Gefahr nicht von der Hand zu weisen, dass sich bei solchen hermeneutischen Ansätzen die Ausleger und Auslegerinnen über den auszulegenden Text(bestand) erheben und dabei mögliche kritische Anfragen gegen eigene Einstellungen und Ansicht ausblenden.

Allerdings erledigt sich durch dieses Problem schon aus praktischen Gründen nicht die Frage nach dem Zentralen in den biblischen Büchern und deren vielen Kapiteln. Danach Suchende können sich sogar auf die Bibel berufen. So bezeichnet z. B. nach Mt 22,40 Jesus das Doppelgebot der Liebe als das Fundament von Tora und Propheten, nimmt also eindeutig eine sachliche Wertung vor.

Zutreffend und unverzichtbar steht hinter diesen Versuchen die Einsicht, dass sich der Sinngehalt einzelner biblischer Texte erst in einem weiteren Kontext, etwa anderer bi

---

235 S. z. B. Matthias Konradt, Theologie in der »strohernen Epistel«. Ein Literaturbericht zu neueren Ansätzen in der Exegese des Jakobusbriefes, in: VF 44 (1999), 54–78.

236 Zu Belegstellen s. Ulrich Körtner, Gegeben und bezeugt – Systematisch-theologische und rezeptionsästhetische Gesichtspunkte für eine Reform der Lese- und Predigtperikopen, in: Kirchenamt der EKD/Amt der UEK/ Amt der VELKD (Hrsg.), Auf dem Weg zur Perikopenrevision. Dokumen-

blischer Bücher, erschließen lässt. Punktuelle Zitate können dagegen inhaltlich in die Irre führen – dies zeigen drastisch entsprechende Zitatcollagen, die als Witze umlaufen.

Macht so schon eine Betrachtung auf der Ebene der Texte auf die Bedeutung des jeweiligen Kontextes und damit auf die Problematik aufmerksam, alle Texte an einem Kriterium auszurichten, so steigert die rezeptionsästhetische Perspektive diese Herausforderung. Denn jetzt gilt es, den wiederum in sich vielgestaltigen Kontext der heutigen Hörer und Hörerinnen (bzw. Leser) zu beachten, der das jeweilige Textverständnis mitbestimmt. Das Spektrum der zu beachtenden Gesichtspunkte wurde im 3. Kapitel anhand von 25 Beispielen aufgezeigt; dazu treten im konkreten Fall biographische Prägungen.

Angesichts dieser Bedeutung von Kontexten sind die exklusiv auf den biblischen Textbestand beschränkten Bemühungen um eine Sach-Hermeneutik der biblischen Texte in einen konzeptionellen Rahmen zu überführen, der den Kontext der heutigen Hörer (und Leser) reflektieren lässt.

1.2 Kommunikation des Evangeliums

Die in der Praktischen Theologie zunehmend zum Programmbegriff avancierte Wendung der »Kommunikation des Evangeliums« (s. Kap. III, 5.2) nimmt mit »Evangelium« zum einen das sachliche Anliegen der inhaltlichen Konzentration auf; zum anderen bietet sie durch den Kommunikationsbegriff einen Rahmen für die kontextuelle Reflexion in dem beschriebenen doppelten Sinn.[237]

---

tation einer wissenschaftlichen Fachtagung, Hannover 2010, 15–43, 24, Anm. 27.

237 Die mit der Wendung »Kommunikation des Evangeliums« verbundenen begrifflichen und hermeneutischen Implikationen finden sich ausge-

»Kommunikation«, verstanden als Mitteilung zwischen Menschen zum Zweck der Verständigung, eröffnet einen breiten Theorierahmen, innerhalb dessen das Lesen biblischer Texte im Gottesdienst reflektiert werden kann.

Dieser Begriff markiert seit einiger Zeit das zentrale Thema der Sozial- und Kulturwissenschaften. Der Rückgang an fraglos anerkannten Traditionen und normativen Beständen bildet den Hintergrund für diese Entwicklung. Denn »Kommunikation« lässt gut den dadurch notwendig werdenden gegenseitigen Verständigungsprozess erfassen. Im Einzelnen wurden verschiedene Einsichten zu einem vertieften Kommunikationsverständnis erarbeitet, die sich aus unterschiedlichen wissenschaftlichen und methodischen Perspektiven ergeben:[238]

– Psychologisch weist Friedemann Schulz von Thuns in der Beratungspraxis vielfach bewährtes Modell des sog. Kommunikationsquadrats auf die Komplexität von Kommunikation hin.[239] Jede Kommunikation umfasst vier Dimensionen: einen Sachgehalt, eine Selbstkundgabe (Ich-Botschaft), die Beziehung der Kommunizierenden sowie einen Appell, und zwar auf beiden Seiten.

– Semiotisch werden u. a. Codes herausgearbeitet, die Kommunikation prägen.[240] Dazu weist Wilfried Engemann – entgegen nachrichtentechnischen Bestrebungen – auf die Bedeutung von Störungen in der Kommunikation hin, die Innovation ermöglichen.[241]

---

führt in: Christian Grethlein, Praktische Theologie, Berlin 2012, 143–192. Ich greife im Folgenden auf diese Ausführungen zurück.

238 Die folgende, in Petit-Druck gesetzte Zusammenstellung ist – mit kleinen Veränderungen – entnommen: Christian Grethlein, Praktische Theologie als Theorie der Kommunikation des Evangeliums in der Gegenwart, in: ThLZ 137 (2012), 623–640, 629.

239 S. Friedemann Schulz von Thun, Miteinander reden, Bd. 1, Reinbek 1981.

240 S. die Zusammenstellung bei Karl-Heinrich Bieritz, Liturgik, Berlin 2004, 44–46.

241 S. Wilfried Engemann, Kommunikation der Teilhabe. Die Herausforde-

- Soziolinguistisch macht die Unterscheidung zwischen restringiertem und elaboriertem Code auf die Bedeutung sozialer Schichten (in neuerer Terminologie: Milieu- bzw. Lebensstilprägung) für Kommunikation aufmerksam.
- Systemtheoretisch ermöglicht die Analyse von Kommunikation als einem eigenen System die Einsicht in die »Unwahrscheinlichkeit« von Verstehensbemühungen.[242] Denn tatsächlich sind die Absichten, Ziele, Bedeutungen und der Sinn, die die einzelnen Kommunizierenden leiten, verborgen.
- Handlungstheoretisch bestimmt Jürgen Habermas die Besonderheit kommunikativen Handelns – gegenüber instrumentellem und strategischem Handeln – durch dessen grundsätzliche Ergebnisoffenheit.[243]
- Kritisch stellen Poststrukturalisten wie Michel Foucault demgegenüber die dabei leitende Voraussetzung symmetrischer Kommunikation in Frage. Sie läuft Gefahr, deren Machtförmigkeit zu vernachlässigen.[244]
- Schließlich bilden sich im Zuge medientechnischer Innovationen neue Kommunikationsformen heraus, die zwar bereits deutlich das Verhalten jüngerer Menschen (»digital natives«) prägen, aber deren zukünftige Entwicklung und Folgen noch kaum absehbar sind.[245]

Schon diese stichwortartige Übersicht über Beiträge aus unterschiedlichen Wissenschaften zum Verstehen von Kommu-

---

rung der Informationsmaschinen, in: Ders., Personen, Zeichen und das Evangelium. Argumentationsmuster der Praktischen Theologie (APrTh 23), Leipzig 2003, 155–169, 166.

242 Niklas Luhmann, Die Unwahrscheinlichkeit der Kommunikation, in: Ders., Soziologische Aufklärung 3. Soziales System, Gesellschaft, Organisation, Opladen 1981, 25–34.

243 Jürgen Habermas, Theorie der Kommunikation des Handelns, Bd. 1. Handlungsrationalität und gesellschaftliche Rationalisierung, Frankfurt 1981, 385.

244 Michel Foucault, Die Ordnung des Diskurses, Frankfurt [10]2007, 10 f.

245 S. z. B. Gerhard Franz, Digital Natives und Digital Immigrants: Social Media als Treffpunkt von zwei Generationen, in: Media Perspektiven 2010, 399–409.

nikation macht auf deren Komplexität aufmerksam. Bei Kommunikation im Bereich der Daseins- und Wertorientierung, und hierzu gehört zweifellos das Lesen biblischer Texte im Gottesdienst, ist unter den Bedingungen einer demokratischen Gesellschaft – nach Jürgen Habermas – die grundsätzliche Ergebnisoffenheit ein wichtiges Charakteristikum. Dazu tritt die semiotisch begründete Einsicht, dass scheinbare Missverständnisse sehr wohl produktiv wirken können, insofern sie neue Lesarten (bzw. Hörarten) erschließen. Dass dabei jeweils biographische und damit kulturelle Prägungen von Bedeutung sind, ist psychologisch unstrittig.

Es liegt auf der Hand, dass eine Reflexion biblischer Lesungen im Gottesdienst in einer solchen kommunikationstheoretischen Perspektive auch für deren Gestaltung Konsequenzen haben wird. Im 5. Kapitel komme ich darauf zurück.

Jetzt ist aber die durch »Evangelium« bezeichnete inhaltliche Seite von »Kommunikation des Evangeliums« noch genauer zu fassen. Hier gibt schon die philologische Beobachtung, dass das diesbezügliche, im Neuen Testament vielfach verwendete Verb (»euangelizesthai«) im Modus des Mediums vorkommt, einen wichtigen Hinweis: Bei *euangelizesthai* handelt es sich nicht um einen Akt von einem aktiv Sendenden zu einem passiv Empfangenden, sondern um ein gegenseitiges Ver-Mittlungs-Geschehen (»Medium«).[246] Im Zentrum dieses vor allem von den Synoptikern und Paulus »euangelizesthai« genannten Kommunikationsgeschehens steht Jesu Botschaft von der anbrechenden Gottesherrschaft.

---

246 Ähnliches ergibt eine Analyse des wohl von Jesus verwendeten hebräischen Wortes »bisar«, das in der Piel-Form vorkommt und damit ebenfalls eine statische Sender-Empfänger-Modelle überschreitende Dynamik annonciert.

Jürgen Becker arbeitet dazu in seinem »Jesus«-Buch *drei Kommunikationsmodi* heraus, die Jesus hierbei verwendete:[247]

- Er bediente sich verbaler Kommunikation. Dabei steht das Erzählen von Gleichnissen und Parabeln im Vordergrund. Inhaltlich eröffnen die hier verwendeten Bilder den Zuhörenden vielfältige Deutungen und damit Bezugsmöglichkeiten auf ihr eigenes Leben. Häufig begegnen als Motive Mahlzeiten und Hilfeleistungen.
- Im Wirken Jesu spielten Mahlgemeinschaften eine große Rolle.[248] Dabei tritt deren grundsätzliche Offenheit – auch für sonst aus rituellen oder moralischen Gründen Ausgeschlossene – hervor.
- Große Wirkung erzielte Jesus mit seinen Heilungen. Sie sind »analog zur Gleichnisrede und zu den Mahlzeiten Jesu der dritte Erfahrungsbereich für die seit der Heilswende sich durchsetzende Gottesherrschaft«.[249]

Das »Evangelium« äußerte sich bei Jesus – kommunikationstheoretisch gesehen – in *Lehr- und Lernprozessen*, in *gemeinschaftlichen Feiern* und im *Helfen zum Leben*, wobei diese Kommunikationsmodi untrennbar miteinander verbunden waren. Sie wurden christentumsgeschichtlich in verschiedenen Kommunikationsformen methodisch aufgenommen und weitergeführt. Deren jeweilige anthropologische Grundlage lässt interessante, hier aber zu weit führende Öffnungen und Verbindungen zu allgemeiner Kommunikation erkennen.

Konkret stehen bei den Lehr- und Lernprozessen *Kommunikationen über Gott*, bei den gemeinschaftlichen Feiern *Kommunikationen mit Gott* und beim Helfen zum Leben *Kommunikationen von Gott her* im Zentrum, wobei diese

---

247 Jürgen Becker, Jesus von Nazaret, Berlin 1996, 176–233; die folgende, in Petit-Druck gesetzte Zusammenfassung entstammt Christian Grethlein, Praktische Theologie als Theorie der Kommunikation des Evangeliums in der Gegenwart, in: ThLZ 137 (2012), 623–640, 630.

248 S. die Zusammenstellung solcher Texte bei Becker, a. a. O., 201.

249 A. a. O., 220.

wiederum untrennbar miteinander zusammenhängen.[250] In Kapitel IV, 2.1 wird gezeigt, dass sich dementsprechend die Verwendung der Bibel im Gottesdienst außerhalb der Lesungen differenzieren lässt.

Das Verständnis der biblischen Lesungen im Gottesdienst in der Perspektive der »Kommunikation des Evangeliums« gewährt vor allem an die im 3. Kapitel skizzierten kirchlichen, politisch-rechtlichen, kulturellen, gesellschaftlichen und theologischen Veränderungen unmittelbaren Anschluss, z. B.: Die skeptische Neugier gegenüber der Bibel, die seltene Teilnahme an Gottesdiensten, die Pluralisierung der Lebensverhältnisse sowie die tiefgreifenden Veränderungen in der Sicht von Wirklichkeit, die zivilgesellschaftlichen Tendenzen und vieles mehr können gut in einem Modell von ergebnisoffener Kommunikation aufgenommen werden. Vielleicht eröffnet eine so verstandene Kommunikation einen Raum, in dem heutige Menschen ihr Leben in der Perspektive der liebenden und wirksamen Gegenwart Gottes verstehen können.[251]

1.3 Kulturbezug des Gottesdienstes

Bei einem solchen Rahmenkonzept für die Bestimmung der biblischen Lesungen im Gottesdienst ist es wichtig, das vorausgesetzte Verhältnis zur Kultur als wichtigen Kontext des praktischen Handelns zu klären. Denn »Kommunikation« vollzieht sich notwendigerweise in diesem Kontext und nimmt nicht nur die allgemein kulturell verfügbaren For-

---

250 Ausgeführt findet sich dies in: Christian Grethlein, Praktische Theologie, Berlin 2012, 512–568.

251 Vgl. zu dieser Formulierung Ingolf Dalferth, Theologie und Gottes Gegenwart, in: Ders., Gedeutete Gegenwart. Zur Wahrnehmung Gottes in den Erfahrungen der Zeit, Tübingen 1997, 269–285, 273.

men, sondern auch die in der jeweiligen Lebenswelt eingelassenen allgemeinen Plausibilitäten auf. Ohne eine Reflexion auf das vorausgesetzte Verhältnis zur Kultur liefe die theologische bzw. liturgische Reflexion Gefahr, lediglich die allgemeinen Vor- und Einstellungen zu reproduzieren.

Ein gutes hermeneutisches Werkzeug, um dem zu entgehen, bietet die Bestimmung des Verhältnisses von Gottesdienst und Kultur in der »Erklärung von Nairobi über Gottesdienst und Kultur«.[252] Die Autoren dieses Textes, eine international zusammengesetzte Studiengruppe des Lutherischen Weltbundes (unter Mitarbeit von Vertretern anderer Konfessionen), machen systematisch überzeugend auf eine vierfache Wechselwirkung zwischen christlichem Gottesdienst und Kultur aufmerksam:[253]

- Demnach ist christlicher Gottesdienst *kulturübergreifend (transcultural)*. So finden sich bestimmte Vollzüge wie Taufe und Abendmahl sowie der Sonntagsgottesdienst, aber auch liturgische Elemente wie Schriftlesung, Glaubensbekenntnis und Vaterunser überall in christlichen Kirchen.
- Zugleich ist jeder Gottesdienst *kontextuell (contextual)*. Die jeweilige Kultur prägt die Feier, wobei zwei Modi unterschieden werden: Die »dynamische Äquivalenz« macht darauf aufmerksam, dass bestimmte Bestandteile der Liturgie durch Elemente einer lokalen Kultur neu ausgedrückt werden. Dagegen fügt die »Methode kreativer Assimilation« einzelne Elemente der lokalen Kultur additiv hinzu. Das ermöglicht den Menschen ein leichteres und mit ihrem Alltag verbundenes Verstehen.

---

252 Abgedruckt in: Anita Stauffer (Hrsg.), Christlicher Gottesdienst: Einheit in kultureller Vielfalt. Beiträge zur Gestaltung des Gottesdienstes heute (LWB Studien), Genf 1996/Hannover 1997, 29–35.

253 Die im Petit-Druck stehende Zusammenfassung ist – mit kleinen Veränderungen – entnommen: Christian Grethlein, Praktische Theologie, Berlin 2012, 190 f.

- Weiter ist eine *kontrakulturelle* bzw. *kulturkritische* (*counter-cultural*) Dimension zu beachten. Hier steht die christliche Feier im Gegensatz zur Kultur, insofern diese dem Evangelium widerspricht.
- Schließlich finden sich *kulturelle Wechselwirkungen* (*cross-cultural*), also die gegenseitige Beeinflussung von Kulturen. Besonders in multikulturell zusammengesetzten Gemeinden und Kirchen ist das ein wichtiger Vorgang.

Dabei ist zweierlei besonders wichtig: Jede liturgische Kommunikation vollzieht sich in einem kulturellen Kontext – und wird von den am Gottesdienst Teilnehmenden darauf bezogen. Die im 3. Kapitel vorgenommene Kontextualisierung ist also hermeneutisch unerlässlich. Ihr weitgehendes Fehlen in den bisherigen Arbeiten zur Perikopenrevision markiert ein schweres Defizit.

Zugleich steht aber die Kommunikation des Evangeliums in einer Spannung, bisweilen auch im Widerspruch zur jeweiligen Kultur (*counter-cultural*). Bei Überlegungen hierzu ist zu vermeiden, dass bestimmte milieu- oder lebensstilbedingte Präferenzen mit »Evangelium« gleichgesetzt und so unstatthaft normativ aufgeladen werden. – Konkret nennt das Nairobi-Dokument als Beispiel hierfür »eine Veränderung kultureller Formen, die das Ich oder die lokale Gruppe auf Kosten einer umfassenden Humanität verherrlichen oder dem Erwerb von Reichtum eine zentrale Stelle einräumen und dabei die Sorge für die Erde und ihre Armen außer acht lassen.«[254]

Es ist sorgfältig darauf zu achten, dass der vom Wirken und Geschick Jesu ausgehende Grundimpuls orientiert. Systematisch formuliert wird dabei der *inklusive*, alle Menschen gleichermaßen einschließende Charakter der Kommunikation des Evangeliums im Gottesdienst hervorgehoben. Bei der

---

254 Stauffer, a. a. O., 33.

exemplarischen Skizze gesellschaftlicher Veränderungen war bereits der inklusionspädagogische Ansatz in seiner liturgischen Bedeutung in den Blick gekommen (s. Kap. III, 4.5). Auch die Überlegungen zur Ästhetisierung (III, 3.5) sowie zur Performanz (III, 5.4) verdienen hier Aufmerksamkeit. Denn unter diesen Perspektiven kommen ebenfalls Exklusionen in den Blick, die dem auf alle Menschen gerichteten Grundimpuls des Evangeliums widersprechen.

2. Biblische Texte im Gottesdienst

Interessanterweise kommen, soweit ich sehen kann, bei der gegenwärtigen Diskussion um die Perikopenrevision nur die Lesungen biblischer Texte in den Blick. Doch sind zum einen biblische Texte verschiedener Art selbstverständlicher Bestandteil von Gottesdiensten, ohne dass sie eigens – etwa vom Ambo durch einen Lektor oder eine Lektorin – vorgelesen werden. In der Perspektive der »Kommunikation des Evangeliums« tritt dies zu Tage. Zum anderen ergab die christentumsgeschichtliche Retrospektive, dass immer wieder nichtbiblische Texte in Gottesdiensten verlesen wurden und werden. Auch dies wird in der gegenwärtigen Revisionsarbeit nicht reflektiert, obgleich es zweifellos zum liturgischen Thema Lesungen gehört.

2.1 Außerhalb der Lesungen

Biblische Texte kommen in vielfältiger Weise in Gottesdiensten außerhalb der Lesungen vor. Zuerst sind hier verschiedene Rezeptionen biblischer Verse zu nennen, in denen sich die ganze Breite der auf Gott bezogenen Kommunikationen widerspiegelt: Eine Durchsicht von Predigtmanuskripten zeigt, dass Prediger und Predigerinnen oft biblische Texte zitieren. Sie verwenden sie u. a. in Begründungen, oder um neue Perspektiven zu eröffnen. Dies ermöglicht neue Einsichten über Gott oder bestätigt bisherige Erfahrungen mit ihm.

In die Kommunikation mit Gott führt das Sprechen des *Vaterunsers* ein. Es wird in wohl fast allen evangelischen Gottesdiensten gemeinsam gebetet – mitunter in Form von Gesang oder Tanz.[255] Die den biblischen Text (s. Mt 6,9–13; Lk 11,2–4) erweiternde Doxologie fügt das Gebet in einen übergreifenden liturgischen Zusammenhang ein. Bei der Feier des Abendmahls fungiert das Vaterunser als Tischgebet. In der Taufe hat es segnenden Charakter, wenn Pfarrer oder Pfarrerin und eventuell die Paten und Patinnen dem Täufling die Hand auflegen und dazu das Vaterunser sprechen.[256] Liturgiehistorisch hat es ebenfalls Nähe zur Taufe. Denn in der Alten Kirche wurde das Herrengebet – wie das Credo – den eben Getauften (und so mit dem Heiligen Geist Begabten) feierlich übergeben und konnte damit später der Tauferinnerung dienen.[257] Dass es sich aber nach reformatorischer Ansicht beim Sprechen des Vaterunsers um ein echtes Gebet und keine sinnentleerte Repetititon handelt, wird daraus ersichtlich, dass Martin Luther in der Deutschen Messe eine »offentliche paraphrasis des vater unsers« empfahl (WA 19,95).

Auch *Lieder* greifen immer wieder – in mehr oder weniger ausgeführten – Zitationen auf biblische Texte zurück. Direkt aufgenommen finden sich biblische Verse in Hymnen wie

---

255 S. die interessanten gebärdensprachlichen Anregungen bei Roland Sequeira, Spielende Liturgie, Freiburg 1977, 120 ff. (nach 168 die entsprechenden Fotografien).

256 S. Christian Grethlein, Abriß der Liturgik. Ein Studienbuch zur Gottesdienstgestaltung, Gütersloh ²1991, 217.

257 S. a. a. O., 136.207.

dem Magnifikat (Lk 1,47-50)[258] oder dem Sanctus (Jes 6,3)[259]. In dessen Gesang vereint sich – in liturgischer Perspektive – die singende Gemeinde mit den himmlischen Chören, tritt also gleichsam ekstatisch in einen neuen Raum ein.

Schließlich führte Luther den *aaronitischen Segen* (Num 6, 22-27) in den Sonntagsgottesdienst ein (s. WA 19,102).[260] Ein biblischer Text formuliert hier Kommunikation von Gott her und fungiert – in sprachtheoretischer Perspektive – als performativer Sprechakt. Vielleicht ist dies (bei entsprechender Gestik und konzentriertem Ausdruck) heute der Teil im Gottesdienst, dessen spirituelle Bedeutung sich am ehesten auch mit den liturgischen Abläufen nur wenig Vertrauten erschließt. Der Pastoralpsychologe und Psychoanalytiker Joachim Scharfenberg berichtet eindrücklich von der in diese Richtung deutbaren Begegnung eines Pfarrers mit einer suizidgefährdeten Frau nach einem Gottesdienst:

»Frau B. erscheint nach einem Gottesdienst in der Sakristei, um mir in bewegten Worten für diesen Gottesdienst zu danken. Sie habe seit vielen Jahren keine Kirche mehr von innen gesehen, aber heute habe ihr die Verzweiflung bis zum Hals gestanden, sie habe ständig mit Selbstmordgedanken kämpfen müssen, und da sei sie einfach den Glocken gefolgt und habe die Kirche aufgesucht. Sie müsse ehrlich gestehen, daß sie sich zunächst gar nicht wohl gefühlt habe, alles sei ihr so fremd und ungewohnt gewesen. Auch von der Predigt habe sie leider wenig verstanden, sie sei wohl zu sehr mit sich beschäftigt gewesen. Schon habe sich ihr ein tiefes Enttäuschungsgefühl bemächtigt, aber da ganz am Schluß, da habe sie mich mit erhobenen Händen am Altar

---

258 Zur musikalischen Rezeption s. zusammenfassend Markus Eham, Magnificat, in: 4RGG Bd. 5 (2002), 679–681, 680 f.

259 Zur musikalischen Rezeption s. zusammenfassend Wolfgang Bretschneider, Sanctus, in: 4RGG Bd. 7 (2004), 826 f.

260 S. Christian Grethlein, Grundinformation Kasualien. Kommunikation des Evangeliums an Übergängen im Leben, Gütersloh 2007, 65.

stehen sehen, und da habe ich etwas gesagt, was sie wie ein Lichtblitz plötzlich getroffen habe, und auf einmal sei ein ganz tiefer Frieden in ihr eingekehrt, das Gefühl, daß ihr eigentlich doch nichts passieren könne. Es sei ein Gefühl gewesen, wie sie es seit ihrer Kindheit nicht mehr erlebt habe, und sie möchte doch gern, daß ich ihr das aufschreibe, was ich da gesagt habe, es sei etwas mit einem leuchtenden Angesicht gewesen und vom Frieden, und sie habe an den Erzengel Michael denken müssen, als sie mich so habe stehen sehen. Wenn ich ihr jetzt die wenigen Worte, die sie so tief getroffen haben, aufschreiben würde, dann könnte sie das sicher auswendig lernen und sie sei sicher, daß sie besser mit ihren Schwierigkeiten würde umgehen können, wenn sie sich diese Worte ins Gedächtnis riefe.«[261]

Ebenfalls als performative Sprechakte begegnen biblische Texte in anderen liturgischen Zusammenhängen: Die – eventuell gesungene – Rezitation der sog. Einsetzungsworte (s. Mt 26,26-28; Mk 14,22-24; Lk 22,19 f.) eröffnet den Raum zur Mahlgemeinschaft mit dem auferstandenen Christus. Erinnerung und Mimesis[262] gehen ineinander über und initiieren eine besondere Gemeinschaft der Feiernden.

Bei der Taufe wird regelmäßig der sog. Taufbefehl (Mt 28, 18-20) zitiert und damit das taufende Handeln der Kirche legitimiert. Dazu findet diese Textpassage in der trinitarischen Formel Aufnahme, die die Wasserhandlung begleitet. Auch hier begegnen erinnernde und mimetische Implikationen.

Im Traugottesdienst kann Mt 19,6 bei der Kopulation gesprochen oder als Adresse an Ehepaar und Trauzeugen gerichtet werden.

---

261 Joachim Scharfenberg, Einführung in die Pastoralpsychologie, Göttingen 1985, 61; vgl. auch die tiefenpsychologische Deutung des aaronitischen Segens bei Hans-Jürgen Fraas, Die Religiosität des Menschen. Ein Grundriß der Religionspsychologie, Göttingen 1990, 169.

262 S. zu diesem nicht zuletzt pädagogisch grundlegenden Konzept Christoph Wulf, Anthropologie. Geschichte – Kultur – Philosophie, Köln 2009, 221–239.

Schließlich rezitiert der Pfarrer bzw. die Pfarrerin biblische Texte bei den recht unterschiedlichen Formen evangelischer *Bestattung*. So leitet etwa Ps 121,8 regelmäßig den Gang zum Grab ein, Psalmworte (z. B. Ps 90,1 f.) werden beim Herablassen des Sargs gebetet usw. Gerade in dieser für die Hinterbliebenen – und bisweilen auch für den Pfarrer bzw. die Pfarrerin – schwierigen Situation gewähren die Psalmen einen Sprachraum jenseits von platter Beschwichtigung und Sprachlosigkeit. Dabei bildet der rituelle Vollzug einen wichtigen Kontext zum Verständnis der Aussagen, die moderne Weltbilder transzendieren und auf menschheitsgeschichtlich alte Vorstellungen zurückgreifen.

Diese – bei genauerer Auswertung von Agenden und Gottesdienstentwürfen – unschwer vermehrbaren Beispiele für eine liturgische Verwendung biblischer Texte in nicht als Lesungen fungierenden Kommunikationen zeigen zum einen das große Gewicht biblischer Sprache für den Ausdruck christlichen Glaubens. Zum anderen sind sie Beispiele dafür, dass bestimmten biblischen Texten eine überragende liturgische Bedeutung zukommt, die sogar konfessionelle und kulturelle Grenzen (*cross-cultural*) überschreitet. In kaum einem christlichen Gottesdienst wird auf das Vaterunser verzichtet; der aaronitische Segen hat mittlerweile Eingang in das römisch-katholische Messformular gefunden; die Einsetzungsworte begegnen in (fast)[263] allen bekannten christlichen Liturgien usw. So kristallisierten sich im Laufe der Christentumsgeschichte einige biblische Texte heraus, die jenseits gelegentlicher Verlesung direkt und permanent Eingang in den

---

263 Eine Ausnahme bilden u. a. die Anaphora der Apostel Addai und Mari (s. Alfons Fürst, Die Liturgie der Alten Kirche. Geschichte und Theologie, Münster 2008, 33).

liturgischen Vollzug fanden. Sie imprägnieren diesen bis heute biblisch.

Diese – jedenfalls in der aktuellen Perikopen-Diskussion für mich nicht erkennbare – Einsicht kann zur Entschärfung mancher Auseinandersetzungen bei der Erstellung von Leseordnungen beitragen. So kommt auf jeden Fall im agendarischen Gottesdienst mit dem aaronitischen Segen nicht nur ein alttestamentlicher Text zur Sprache, sondern die Gemeinde stellt sich unter den dem Aaron und seinen Söhnen für Israel von Gott empfohlenen Segen und gliedert sich so Israel ein. Ähnliches gilt für das Vaterunser und/bzw. die Einsetzungsworte, insofern hier auf jeden Fall ein Evangelientext kommuniziert wird und einen besonderen Zugang zu Gott eröffnet.

2.2 Als Lesungen

Die Lesungen biblischer Texte finden also in evangelischen Gottesdiensten auf jeden Fall in einem durch biblische Sprache und Vorstellungen geprägten Raum statt. Allerdings fällt auf, dass sie auch in theologischen Betrachtungen zum Gottesdienst oft eher am Rande stehen bzw. keine Beachtung finden.

So führen z. B. Bärbel Husmann und Thomas Klie in einer religionspädagogischen Veröffentlichung geschickt in das Liturgische Lernen[264] ein, indem sie die »liturgischen Stücke« (Liturgischer Gruß – Kirchenlieder – Gebete – Kyrie – Bekenntnisse – Segen) sowie die Sakramente (Taufe – Beichte – Abendmahl) präsentieren und liturgisch sowie religionsdidaktisch auswerten. Es fehlen allein die Lesungen.

---

264 Bärbel Husmann/Thomas Klie, Gestalteter Glaube. Liturgisches Lernen in Schule und Gemeinde, Göttingen 2005.

Dabei prägen Evangelium und Epistel, jedenfalls grundsätzlich in Konsonanz, das »Leitbild« des (sonntäglichen) Gottesdienstes,[265] das wiederum im Wochenlied und meist in Voten und Gebeten aufgenommen wird und auch die Predigt bestimmt. – Vielleicht hängt die Marginalisierung der Lesungen im Sonntagsgottesdienst mit ihrem Ort im sog. Verkündigungsteil zusammen. Denn dieser ist (über)voll von verschiedenen Wortbeiträgen. Dazu ist kritisch zu fragen, ob die drei bzw. zwei Lesungen sich nicht gegenseitig relativieren:

> »Wenn man einen Schrifttext mit dem Anspruch vorträgt, er gehe den Hörer hier und jetzt an, so verliert dieser Anspruch an Verbindlichkeit, wenn man unmittelbar darauf einen anderen Text verliest, der den Hörer gleichfalls, aber nun in einer ganz anderen Situation, treffen soll. Dadurch wird nicht die Fülle der biblischen Offenbarung vermittelt, vielmehr entsteht der Eindruck, hier werde ein liturgisches Pensum absolviert.«[266]

Die liturgische Tradition der Aufeinanderfolge von Lesungen, bei denen die letzte den Höhepunkt bildet, setzt erhebliche Konzentrationsfähigkeit und großes Interesse voraus. Zumindest für die Konfirmanden und Konfirmandinnen als eine große Gruppe der am sonntäglichen Gottesdienst Teilnehmenden dürfte dies selten der Fall sein. Dazu prägen die festgesetzten Lesungen nicht zuletzt die Predigtarbeit einseitig:

> »Das Verhältnis von Geschehen in der Welt und Verkündigung steht Kopf. Statt, dass Ereignisse unsere Verkündigung provozieren, erschaffen wir Prediger Ereignisse und Begebnisse, um unsere Verkündigung zu illustrieren. Nicht, weil ein Unfall passiert ist, sehen wir

---

265 Mit einem Beispiel Michael Meyer-Blanck, Gottesdienstlehre, Tübingen 2011, 436.

266 Martin Geck/Gert Hartmann, 38 Thesen gegen die neue Gottesdienstordnung der lutherischen und einiger unierter Kirchen in Deutschland (TEH 146), München 1968, 29.

uns genötigt, über Gottvertrauen zu reden. Sondern, weil wir über Gottvertrauen reden wollen, muss – auf der Bildfläche der Predigt – ein Unfall passieren. Hier zeigt sich eine folgenschwere Verkehrung. Menschen mit ihren Schicksalen werden, statt Adressaten der Predigt zu sein, zu ihren Requisiten«.[267]

In dem hier pointiert benannten homiletischen (und liturgischen) Problem liegt eine besondere Gefahr für Gottesdienste, die *von außen vorgegebenen und de facto meist vor Jahrhunderten ausgehobenen Texten* folgen. Die Wirklichkeit und die Menschen in ihr drohen zu Requisiten zu werden, um die biblischen Texte plausibel zu machen. Dagegen stehen – spätestens seit Ernst Langes unter dem programmatischen Begriff der »homiletischen Situation«[268] vorgetragenen Aufbruch – homiletische Bemühungen, mit biblischen Texten die Gegenwart zu erschließen. Doch scheint nach wie vor der Abstand von der Lebenswelt ein Problem vieler Predigten sein.

Damit wird nicht die grundsätzliche Bedeutung biblischer Texte für evangelische Gottesdienste problematisiert oder gar geleugnet. Sie sind für evangelische Gottesdienste und die Predigten in ihnen von grundlegender Bedeutung.[269] Doch ist die Gefahr unübersehbar, dass feststehende biblische Texte ein Achten auf die konkrete Situation, in der der Gottesdienst gefeiert wird, erschweren. Dagegen werden die Texte

---

267   Konrad Jutzler, zitiert nach Meyer-Blanck, a. a. O., 439.

268   S. Jan Hermelink, Die homiletische Situation. Zur jüngeren Geschichte eines Predigtproblems (APTh 24), Göttingen 1992.

269   S. z. B. Wilfried Engemann, Einführung in die Homiletik, Tübingen ²2011, 137–141, der überzeugend die »konfrontierende«, die »kreatorische« und die »konfirmierende« Bedeutung der biblischen Texte für den Predigtprozess herausarbeitet.

in Kasualgottesdiensten, bei denen (in der Regel) der Kasus den Text bestimmt, oft als lebensnäher empfunden. Dass es auch hier Probleme gibt, etwa einen schnellen Zugriff nach einem Stichwort in der Konkordanz, sei nicht verschwiegen. Sie sind aber in methodischen Schwächen einzelner Pfarrer bzw. Pfarrerinnen, nicht in einer grundsätzlichen Fehlstellung begründet.

3. Zusammenfassung

Biblische Texte sind auch jenseits der – am Ambo von Lektoren vorgetragenen – Lesungen grundlegende Bestandteile evangelischer Gottesdienste. Vaterunser, aaronitischer Segen, die Einsetzungsworte zum Abendmahl, der sog. Taufbefehl, Psalmgebete und einzelne Texte bei den Kasualien bilden das *permanente biblische Fundament evangelischer Gottesdienste.* Sie sind unmittelbar in die liturgische Kommunikation integriert und gewähren dem gemeinsamen Glauben der Feiernden Ausdruck. Manche dieser Texte fungieren als performative Sprechakte, setzen also Wirklichkeit. Es gibt Hinweise darauf, dass auch Menschen, die nur selten an einem Gottesdienst teilnehmen, einen elementaren Zugang zu diesen Vollzügen haben (wenn die Texte angemessen zum Ausdruck gebracht werden).[270] Vermutlich erleichtert der Zusammenhang von biblischen Worten und dem tatsächlichen liturgischen Vollzug ihr Verstehen.

Diese gleichsam vorgegebene Präsenz biblischer Texte im Gottesdienst markiert zum einen eine Auswahl, die sich weit-

---

270 Angesichts des – auch hier – bestehenden empirischen Forschungsdefizits sind genauere Aussagen nicht möglich.

gehend konfessions- und kulturübergreifend in der Christentumsgeschichte herausgebildet hat. Unzweifelhaft kommt demnach innerhalb der Bibel Texten wie dem Vaterunser, den Einsetzungsworten oder dem aaronitischen Segen besondere Dignität für die christliche Kirche zu. Zum anderen relativieren diese selbstverständlich in den Gottesdiensten präsenten Texte die Frage nach den Lesungen und deren Ordnung. Denn mit den Perikopen steht nicht grundsätzlich die Frage nach der Bedeutung der Bibel für den Gottesdienst auf dem Spiel. Es geht hier vielmehr um *die Aktualisierung der biblischen Botschaft mit je wechselnden Texten.*

Der Kontext für das Verständnis und somit die Auswahl biblischer Texte ergibt sich unter den im 3. Kapitel exemplarisch skizzierten Bedingungen nicht nur aus dem Innenverhältnis biblischer Texte, sondern auch aus der Lebenswelt heutiger Hörer und Hörerinnen. Im praktisch-theologischen Konzept der Kommunikation des Evangeliums wird diese Herausforderung angenommen.

In dieser Perspektive tritt die hermeneutische Problematik lange vorher und zentral festgelegter Perikopenordnungen zu Tage. Denn sie blendet die Bedeutung des konkreten Kontextes für das Verstehen aus. Das hat nicht zuletzt Konsequenzen für die Predigt. Die immer wieder beklagte Wirklichkeitsferne von Predigten (und Gottesdiensten) wird wohl auch mit der Textauswahl in der Lese- und Predigtordnung zusammenhängen, die den konkreten Kontext negiert.

V. Orientierungen: Lesungen im Gottesdienst

Nach diesen grundsätzlichen Erwägungen geht es jetzt konkret um die Lesungen im Gottesdienst. Im Zuge der gegenwärtigen Perikopenrevision steht dabei die Frage nach der Auswahl der Texte im Vordergrund. Merkwürdigerweise wird aber das Procedere dieses Auswahlprozesses nicht bzw. kaum thematisiert. Im Kontext obrigkeitlicher Strukturen in Staat und Kirche war dies unnötig; unter dem Vorzeichen der Zivilgesellschaft stellen sich hierzu jedoch neue Fragen. Für deren Bearbeitung kommen unter funktionalen Gesichtspunkten die Theologie als Theorie der Kommunikation des Evangeliums[271] – und damit auch biblischer Texte – bzw. als deren personale Vertreter die Pfarrer und Pfarrerinnen in den Blick. Sachlich sind dabei die Einsichten der *Bibeldidaktik* beachtenswert. Denn in diesem religionspädagogischen Forschungszweig wird – bezogen vor allem auf den schulischen Religionsunterricht – seit Längerem die Frage nach dem Verständnis biblischer Texte unter den gegenwärtigen Bedingungen in der Perspektive von Vermittlung, also Kommunikation, bearbeitet. Die Liturgiker tun gut daran, dabei gewonnene Einsichten zu berücksichtigen.

In einem dritten Schritt wende ich mich der konkreten Gestaltung gottesdienstlicher Lesungen zu. Ihr kommt in einer ästhetisch interessierten Gesellschaft für die Kommunikation grundlegende Bedeutung zu.

---

271 S. hierzu Ingolf Dalferth, Evangelische Theologie als Interpretationspraxis. Eine systematische Orientierung (ThLZ.F 11/12), Leipzig 2004, 51 f.

Schließlich ist noch einmal die bereits in der Christentumsgeschichte an verschiedenen Orten begegnende Frage zu bedenken, ob Lesungen auf biblische Texte zu beschränken sind. Unter Bezug auf das Fortwirken des Heiligen Geistes kam es in einzelnen gottesdienstlichen Formen immer wieder zu Erweiterungen aus anderen christlichen Textbeständen. Dazu tritt heute die Frage nach der Berücksichtigung von Texten aus dem Bereich anderer Daseins- und Wertorientierungen bzw. Religionen.

1. Auswahl

Bei der Diskussion um die Revision der Perikopenordnungen gehen das rechtliche Verfahren und pragmatische Gesichtspunkte eine enge Verbindung ein. Doch lohnt es sich, beide Ebenen zu unterscheiden und die jeweiligen herrschenden Logiken zu rekonstruieren. Dabei tritt dann die besondere Verantwortung der Pfarrer zu Tage, insofern sie einen »theologischen Beruf«[272] ausüben, wozu wesentlich der Anschluss von Kommunikation an die Bibel als Speichermedium gehört.

1.1 Verfahren

Das bisherige Verfahren zur Erstellung von Perikopenordnungen war und ist obrigkeitlich bestimmt. Die schroffe Zurückweisung des von liturgischen Fachleuten erstellten Revisionsvorschlags der Lutherischen Liturgischen Konferenz von 1995 durch die Kirchenleitungen (s. Kap. II, 2.6) belegt dies ein-

---

272 Das darin zum Ausdruck kommende Berufsverständnis ist historisch, systematisch und empirisch begründet in: Christian Grethlein, Pfarrer - ein theologischer Beruf!, Frankfurt 2009.

drücklich. Dazu ergibt der insgesamt fehlgeschlagene Versuch einer Vereinheitlichung der Lese- und Predigtordnungen bei Karl dem Großen, dass erst Innovationen wie die klare Textabgrenzung auf Grund von Kapitel- und Verseinteilung (s. Kap. II, 1) die Durchsetzung zentralen Handelns ermöglichten. Vor allem die Einführung des Buchdrucks und die daraus resultierende Verbreitung von Texten mit diesen Einteilungen förderten diesen Prozess. Es ist zu fragen, ob nicht umgekehrt heute die Verbreitung netzwerkartiger Kommunikationsformen, ermöglicht durch elektronische Medien, einen Raum für dezentrale Lösungen bei den Lesungen eröffnet.

Mit dem Druck von Bibeln entwickelte sich ein interessanter Seitenzweig der Schrifterschließung. Neben den landeskirchlichen und damit obrigkeitlich approbierten Leseordnungen begegnen in den Bibelausgaben *im Fettdruck herausgehobene Textstellen*. Hartmut Hövelmann gibt in seiner einschlägigen Monographie einen Überblick über diesen populärtheologischen und damit an die allgemeine (evangelische) Frömmigkeitsgeschichte anschließenden Umgang mit der Bibel.[273] Leider beurteilt er diese Entwicklung direkt von einer engen, unmittelbar auf Luther zurückgeführten Norm des Schriftverständnisses her und nimmt den jeweiligen Kontext der sich im Lauf der Zeit verändernden Hervorhebungen nicht zur Kenntnis. Vermutlich käme eine kontextualitätstheoretisch interessierte Analyse hier einer Auswahl von Schriftstellen auf die Spur, deren Verhältnis zu den Perikopenordnungen interessante Aufschlüsse zu konkurrierenden Formen des Schriftverständnisses gewähren

---

273 S. die Übersicht zur Entwicklung bei Hartmut Hövelmann, Kernstellen der Lutherbibel (TAzB 5), Bielefeld 1989.

könnte. Somit gibt es bereits seit Jahrhunderten gleichsam ein Konkurrenzunternehmen zur Perikopenordnung als Instrument, wichtige Bibelstellen auszuwählen. Interessanterweise sind diese sog. Kernstellen erheblich kürzer als die sonntäglich verwendeten Perikopen und so schneller zu erfassen und leichter zu erinnern.[274]

Die fettgedruckten Bibelstellen hatten wohl keinen Einfluss auf die sonntäglichen Lesungen. Sie dürften aber bis heute die Auswahl von Bibeltexten für die Lesung und die Predigt in Kasualgottesdiensten sowie die Frömmigkeit formal weniger gebildeter Menschen (mit)prägen, die auf sprichwortähnlichen Sentenzen basiert.

Diese parallel zu den Perikopenordnungen verlaufende Entwicklung weist durch die damit verbundene Reduktion indirekt auf ein Problem der Perikopen hin, insofern diese jedenfalls für manche Menschen zu lang sind, sich ihnen inhaltlich nicht direkt erschließen und von daher keine Nachhaltigkeit entfalten.

Darüber hinaus erscheint die obrigkeitliche bzw. – in moderner Terminologie – zentrale Erstellung von Perikopenordnungen heute in anderer Hinsicht problematisch. Denn sie blendet die *konkrete Situation* aus, innerhalb der biblische Texte gelesen und – gegebenenfalls – homiletisch ausgelegt werden. Pointiert formuliert: *Das Konzept der zentralen Perikopenordnung basiert auf einem hermeneutisch unaufgeklärten, den allgemeinen Kontext negierenden Schriftverständnis.* Spätestens seit Ernst Langes Vorstoß, das Verkündigungsparadigma durch den Begriff der »Kommunikation des Evangeliums« zu ersetzen (s. Kap. III, 5.2), ist die Bedeutung der Si-

---

274 Dass damit die Probleme einer Dicta-probantia-Methodik verbunden sind, sei wenigstens angemerkt.

tuation für die homiletische Arbeit erkannt. Sollte diese Einsicht nicht ebenfalls für die Wahl der biblischen Lesungen gelten?

In Kapitel III, 2.5 begegnete ein entsprechendes Problem in der Schule. Auch hier schien es lange Zeit selbstverständlich, den im Unterricht zu behandelnden »Stoff« ohne Bezugnahme auf die konkreten Gegebenheiten vor Ort obrigkeitlich bzw. zentral vorzuschreiben. Es gab einen feststehenden Kanon der Inhalte. Doch hat sich dies inzwischen geändert. Gewiss bilden Schreiben, Lesen und Rechnen Fertigkeiten, die allgemein erlernt werden müssen. Doch hinsichtlich der jeweiligen Inhalte gibt es – auf Grund der Wissensexplosion sowie des allgemeinen Pluralismus – die nicht mehr allgemeingültig lösbare Herausforderung der Auswahl. Dabei ist aus motivationspsychologischen Gründen das Interesse der Schüler und Schülerinnen zu berücksichtigen. Die praktische Notwendigkeit, spätestens nach zehn Jahren ein Schulbuch wieder neu zu gestalten, und zwar nicht nur wegen der veränderten Ästhetik, sondern auch aus inhaltlichen Gründen, weist auf die Wucht der kulturellen, gesellschaftlichen und nicht zuletzt fachwissenschaftlichen Veränderungen und somit auf die Bedeutung des (aktuellen) Kontextbezugs hin. Angebahnt durch die Curriculardidaktik, in der die Lernziele die Lerninhalte (sowie Methoden und Medien) präferierten, verstärkt die Kompetenzdidaktik die Formalisierung der Lernprozesse und damit die Variabilität der konkreten Inhalte noch einmal.

Angesichts der vermutlich geringen Ausstrahlung der Lesungen auf die meisten Gottesdienstteilnehmer – empirische Untersuchungen hierzu sind mir nicht bekannt – stellt sich die Frage: Offeriert nicht der Wandel von der Material- über die Curricular- zur Kompetenzdidaktik im Bereich der öffentlichen Schule ein interessantes Modell für den Umgang mit den gottesdienstlichen Lesungen (und Predigttexten)?

Die in Kapitel IV, 2.1 genannten biblischen Texte bilden in einem solchen didaktisch belehrten Zugang den grundlegenden biblischen Bezug des Gottesdienstes – etwa vergleichbar mit den genannten Fertigkeiten des Lesens, Schreibens und Rechnens in der allgemeinen Bildung. Hinzu kommen die jeweils situativ bezogenen Texte. Deren Auswahl ist aber – ähnlich den Lerninhalten in der Schule – nicht beliebig, sondern in einer grundlegenden Struktur verankert. In der Kompetenzdidaktik sind die Inhalte jeweils auf bestimmte – nicht zuletzt kognitionspsychologisch begründete und modellierte – Kompetenzen zu beziehen. Bei den Perikopen bietet das *Kirchenjahr* eine solche lebensweltlich bedeutsame Grundstruktur.

Schon früh bildete sich dies aus, und zwar unter Bezug auf biblische Texte, vor allem aus dem Lukasevangelium (s. Kap. II, 1.3). Zugleich – und hier besteht eine weitere Parallele zur schulischen Didaktik – unterliegt das Kirchenjahr gewissen Änderungen (s. Kap. VI, 3.2) und enthält – wie grundsätzlich[275] jeder Lehrplan – Freiräume, die sog. festfreie Zeit. Zwar haben eifrige Liturgiker durch vielfältige, vor allem hagiographische Rückbezüge die festfreie Zeit ebenfalls inhaltlich gefüllt. Doch blieben diese Konstruktionen auf einen kleinen Kreis von Experten beschränkt, ohne tatsächlich das kirchliche Leben oder gar das Leben der (meisten) Getauften zu erreichen, geschweige denn zu prägen.

Diese skizzierte Möglichkeit, durch das Kirchenjahr einen für die Auswahl der Perikopen grundlegenden Rahmen zu er-

---

275 Es ist ein offenes Geheimnis, dass de facto viele Lehrpläne zu anspruchsvoll und überladen sind.

stellen, der situativ durch Lesungen auszugestalten ist, nimmt einen interessanten Praxisvorschlag auf. Die Liturgische Konferenz erstellte 2009 für Gemeinden, in denen nicht mehr jeden Sonntag, sondern nur noch monatlich Gottesdienst gefeiert wird, ein *Elementares Kirchenjahr*:

> »Jedem Monat und den drei Hauptfesten wurde ein Leitmotiv zugeordnet, das jeweils in drei Unterthemen entfaltet wird. ... Bei der Auswahl der Texte wurden die ›großen Geschichten‹ und besonders geprägte Texte bevorzugt berücksichtigt, um den Kernbestand biblischer Überlieferungen zu stärken. ... Für jeden Monat und die drei Feste wird jeweils auch ein Psalm vorgeschlagen, der als Introitus oder als ›Antwort‹ auf die Lesung verwendet werden kann, aber auch gelegentlich als Predigttext herangezogen werden könnte.«[276]

Martin Evang konstatiert: »Wo Gottesdienste im Monatsabstand gefeiert werden, ist ein Dilemma stärker spürbar als dort, wo sie in wöchentlichem Rhythmus stattfinden. Es besteht darin, dass die gültige Ordnung der Lesungs- und Predigttexte im Grunde voraussetzt, dass die Menschen Woche für Woche am Gottesdienst teilnehmen.«[277] Doch fügt der Leiter der rheinischen Arbeitsstelle Gottesdienst und Kindergottesdienst zutreffend hinzu, dass diese Annahme auch bei der wöchentlichen Feier des Gottesdienstes nur für eine Minderheit zutrifft.

Weiterführend für die Frage nach der Auswahl der Texte ist in dem genannten Modell der Liturgischen Konferenz, dass jedem Monat ein *Leitmotiv* gegeben wird. Stichworte

---

276 Liturgische Konferenz (Hrsg.), »Wo Zwei oder Drei ...«. Gottesdienst mit kleiner Gemeinde feiern. Mit einem Anhang: Gottesdienst von Monat zu Monat. Elementares Kirchenjahr, Gütersloh 2010, 67–78, 69 f.

277 Martin Evang, Gottesdienst von Monat zu Monat. Elementares Kirchenjahr. Bericht über ein Projekt der Liturgischen Konferenz, in: Thema: Gottesdienst 30 (2009), 18–21, 18.

umreißen – neben der Nennung eines Psalms – sein theologisches Profil; z. B. für den Dezember: »Sehnsucht nach Fülle Psalm 14 Sehnsucht nach der heilen Welt: Eschatologie, Maria, Geburt Jesu (s. proprium Weihnachten), aber auch Wendezeit: Rückblick und Hoffnung ins Unbekannte.«[278]

Es wird für drei mögliche Anlässe (Advent I: der Kommende; Advent II: Erwartung; Jahreswende: Übergang) jeweils ein konkreter Text aus dem Alten Testament, den Episteln und den Evangelien vorgeschlagen. Doch erscheint diese eindeutige Zuordnung nicht zwingend, sondern eher ein Zugeständnis an die bisherige zentral bestimmte Perikopenordnung zu sein. Es könnten von dem Leitmotiv her auch andere Texte genannt bzw. ausgewählt werden.

1.2 Pastorale Aufgabe

Falls die Lesungen nicht obrigkeitlich bzw. zentral vorgegeben werden, stellt sich die Frage: Wer soll die Auswahl der biblischen Texte treffen? – Auch hier führt ein Seitenblick zur Schule weiter. Die skizzierte didaktische Umstellung (s. Kap. III, 2.5) wertet(e) an den Schulen die Tätigkeit der Lehrer bzw. der entsprechenden Fachschaften auf. Denn sie erstellen jetzt für jedes Fach die inhaltliche Seite des Lehrplans. Dabei bilden die ministeriell vorgegebenen Angaben zu den Kompetenzen, wichtigen Zielen und grundlegenden Inhalten den Rahmen. Ihn müssen die Lehrer und Lehrerinnen mit konkretem Material füllen, wozu die Auswahl der Lerninhalte gehört.

Es liegt auf der Hand, dass die Arbeit hieran – als nicht gering zu schätzendes Nebenprodukt – zu einer fortwährenden Weiterqualifizierung der Lehrer führt (bzw. führen wird).[279]

---

278 Liturgische Konferenz, a. a. O., 71.

279 Die Einführung dieser Aufgabe wurde weithin dadurch behindert, dass

Mussten sie sich bei feststehenden Stoffplänen auf die methodischen Fragen der Vermittlung beschränken, so sind jetzt anspruchsvolle didaktische, d. h. den Inhalt der Lernprozesse betreffende Aufgaben zu bearbeiten und einer Lösung zuzuführen. Die qualifizierte Ausbildung der Lehrer – in der Regel ein vier- bis fünfjähriges Studium an der Universität sowie ein zweijähriges Referendariat – befähigt dazu grundsätzlich. Zugleich setzt die inhaltliche Ausgestaltung des Lehrplans eine anspruchsvolle Arbeit im studierten Fach voraus und impliziert so eine praxisbezogene wissenschaftliche Fortbildung der Lehrer.

Übertragen auf die Kirche und die gottesdienstlichen Lesungen entsprechen *die Pfarrer bzw. die Arbeitsgruppen der jeweiligen Pfarrkonvente* den Lehrern bzw. den Fachschaften. Die Auswahl biblischer Texte für den Gottesdienst ist für Pfarrer nichts völlig Neues. Bei Kasualgottesdiensten oder sonstigen liturgischen Feiern außerhalb des Sonntagsvormittags bestimmen sie schon bisher die biblischen Lesungen, nicht nur den Predigttext. Der Situationsbezug ist dabei durch die konkreten Menschen, an denen in den Kasualien gehandelt wird, und/bzw. den konkreten Anlass gegeben. Für den Sonntagsgottesdienst und seine Lesungen dürfte die Ebene von Kirchenkreis bzw. Dekanat der angemessene Raum sein, um lebensnah die biblischen Lesungen auszuwählen.

Pointiert formuliert: An einem Sonntag, der auf die Schließung eines großen Betriebs in einem Kirchenkreis (Dekanat) folgt, werden in der Regel im Gottesdienst andere biblische Texte hilfreich sein als an einem Sonntag in einer Region, in

---

sie den Lehrern zusätzlich zum bisher zu Leistenden übertragen wurde und meist keine anderweitigen Arbeitserleichterungen gewährt wurden.

der ein großes Kunstprojekt beginnt usw. Beides kann aber an verschiedenen Orten an ein und demselben Sonntag passieren. Unter den Bedingungen der gegenwärtigen Perikopenordnung werden in beiden Gemeinden dieselben Texte verlesen – ohne Bezug auf den für die Menschen wichtigen Kontext. Die Gefahr, dass entweder die biblischen Texte verbogen oder das, was die Menschen beschäftigt, vernachlässigt wird, liegt auf der Hand.

Doch ist nicht nur der konkrete situative Kontext zu beachten. Denn dann droht eine gewisse Kurzatmigkeit. Vielmehr gilt es – vergleichbar dem Lehrplan mit der grundlegenden Orientierung an Kompetenzen –, die Platzierung des Sonntags im Kirchenjahr aufzunehmen, wozu wiederum die »Berücksichtigung von Naturjahr und Kulturjahr«[280] gehört. Damit ist ein direkter Anschluss an grundlegende Themen des Christentums und zugleich an die Lebenswelt gegeben, insofern das Kirchenjahr die erfolgreichste Form der Kontextualisierung des Christentums in unserer Gesellschaft ist.

Die Empfehlung, die Pfarrer vor Ort gemeinsam innerhalb eines durch das Kirchenjahr vorgegebenen Rahmens (Leitmotive) die Lesungen auswählen zu lassen, drückt zum einen eine Abwendung von zentralistischen (bzw. obrigkeitlichen) Entscheidungsmustern aus. Sie bestimmen spätestens seit Eisenach (s. Kap. II, 2.3) die Perikopenordnungen in Deutschland. Zum anderen wertet sie die Bedeutung der Pfarrer auf, und zwar auf dem Gebiet, für das sie langjährig an Universitäten ausgebildet wurden. Insofern lässt die von mir vorgeschlagene Regionalisierung der Aufgabe, die Lesungen auszuheben, eine inhaltliche Profilierung des Pfarrberufs erhoffen (s. Kap. VI, 2).

---

280 Liturgische Konferenz, a. a. O., 69.

Die Aufgabe, (mit Kollegen) die konkreten Lesungen auch für den sonntäglichen Gottesdienst auszusuchen, eröffnet den Pfarrern und Pfarrerinnen einen neuen breiten Zugang zur biblischen Tradition. Hier ist theologische Arbeit im umfassenden Sinn gefordert. Denn die biblischen Texte und die konkrete Situation vor Ort sind in ein Verhältnis zu setzen. Es geht also nicht, wie bisher zu häufig, um die Exegese eines amtlich vorgegebenen Textes, für dessen Auslegung dann mühsam »Beispiele« gesucht werden. Vielmehr gilt es, die gegenwärtige Lebenswirklichkeit der Christen vor Ort in biblischer Perspektive wahrzunehmen, wozu für den Gottesdienst die Auswahl konkreter Texte gehört. Dieser Auswahlprozess erfordert die enge Kooperation der Pfarrer miteinander, nicht zuletzt, um eine gewisse inhaltliche Einheitlichkeit bei den Sonntagsgottesdiensten einer Region zu gewährleisten und eventuelle Einseitigkeiten einzelner Pfarrer zu korrigieren.

Mit der Arbeit an der Textauswahl werden die unterschiedlichen, eventuell schon im Studium verfolgten Interessen der einzelnen Theologen und Theologinnen fruchtbar gemacht. Im günstigsten Fall wirkt diese Aufgabe als ein Impuls für eine auf die Bibel bezogene Gemeinschaft der Pfarrer untereinander und vermittelt ihnen neue Freude an theologischer Arbeit.

Dabei ist vorausgesetzt, dass die Pfarrer vor Ort in engem Kontext zu den Menschen ihrer Umgebung stehen, also ihre Sorgen und Hoffnungen kennen. Es tritt also der Zusammenhang zwischen seelsorgerlichem sowie diakonischem und liturgischem sowie homiletischem Handeln in den Blick. Denn inhaltlich geht es bei der hier angeregten, lokal verantworteten Auswahl der biblischen Lesungen um einen Vorgang, der die dem Begriff Kommunikation des Evangeliums inhärente Spannung zwischen christlichem Grundimpuls und konkreter Situation aufnimmt und ausbalanciert. Es wird zu erproben sein (s. Kap. VI, 4.5), ob die Pfarrer und Pfarrerinnen bei diesem Verfahren beide Blickwinkel einnehmen können oder ob weitere, nicht (akademisch-)theologisch vorgebildete Gemeindeglieder eingebunden werden sollten. Allerdings garantiert auch ein solches, erheblich aufwändigeres Verfahren nicht, dass tatsächlich die Situation der meisten Menschen in den Auswahlprozess Eingang findet.

2. Kontextualisierung

Die Kommunikation des Evangeliums bezieht sich gleichermaßen auf die biblischen Texte und die gegenwärtigen Verhältnisse. Beide Bezüge sind jeweils mit der Aufgabe der Kontextualisierung verbunden (s. Kap. IV, 1.3). Der historische Sinn biblischer Texte ist nur – annähernd – zu verstehen, wenn sein Kontext Berücksichtigung findet. Dasselbe gilt auf die Gegenwart übertragen für das – annähernde – Verstehen der Hörersituation.

Eine besondere Zuspitzung findet dieser hermeneutische Grundsatz in der religionspädagogischen Diskussion zur »Elementarisierung«. Sie soll deshalb in einigen für die Liturgik wichtigen Ergebnissen kurz dargestellt werden. Denn die dabei gewonnenen Einsichten können der Arbeit an den biblischen Lesungen einen wichtigen Impuls geben.

2.1 Pädagogisches Konzept der Elementarisierung

Das Streben, Komplexität zu reduzieren, durchzieht die ganze Geschichte des Lehrens und Lernens und damit auch die Bemühungen, Menschen die Perspektive des Evangeliums zu eröffnen. Seit gut 40 Jahren wird die dabei bearbeitete didak-

tische Aufgabe unter dem Stichwort »Elementarisierung« ver-
handelt. Es fand in der Religionspädagogik schnell Aufmerksamkeit.

Friedrich Schweitzer stellt aus der diesbezüglichen Arbeit
einige Einsichten zusammen, die grundsätzlich auch den
Umgang mit biblischen Texten betreffen. Dabei verfolgen Religionspädagogik und Liturgik dasselbe Interesse, nämlich
Menschen die Bedeutung biblischer Texte nahezubringen
und ihnen deren Inhalt für die Bewältigung des alltäglichen
Lebens zu erschließen.

Zwar begegnet in neueren Beiträgen zur gottesdienstlichen Schriftlesung und damit zusammenhängenden Themen verschiedentlich die Forderung nach dem Elementaren.[281] Doch wird dabei »elementar« meist im Sinn von
»Elementartheologie« auf eine Binnensicht reduziert, die sich
nur auf den biblischen Textbestand bezieht. Demgegenüber
ist es didaktischer Konsens, dass sich »das Elementare niemals
unter Absehung von den Kindern oder Jugendlichen, für die
etwas elementare Bedeutung gewinnen soll, bestimmen«
lässt.[282] Das bedeutet für die Frage der Auswahl von Inhalten:
Es kann »gar keine reflektierte Auswahl geben, die nicht
schon an bestimmten Lerngruppen oder -situationen orientiert wäre«[283].

Demnach ist es in religionspädagogischer Perspektive
nicht sinnvoll, von »elementar« bei kommunikativen Prozessen bzw. deren Inhalt zu sprechen, wenn nicht die Personen

---

281 S. Friedrich Schweitzer, Elementarisierung – ein religionsdidaktischer
     Ansatz, in: Ders. (Hrsg.), Elementarisierung im Religionsunterricht.
     Erfahrungen, Perspektiven, Beispiele, Neukirchen-Vluyn 2003, 9–30, 16.

282 S. a. a. O., 11.

283 A. a. O., 16.

im Blick sind, auf die hin kommuniziert wird. Auf jeden Fall sind die Erfahrungen und Zugänge zur Wirklichkeit der Kommunizierenden zu berücksichtigen, weil diese nachhaltig und tiefgreifend jeden Rezeptions- und Verständigungsprozess prägen.

Diese Einsicht ist direkt auf die an einem Gottesdienst Teilnehmenden übertragbar. Auch liturgisch kann das »Elementare« hinsichtlich der gelesenen Texte nicht abstrakt bestimmt werden, sondern nur, wenn die konkreten, am Verständigungsprozess beteiligten Menschen im Blick sind.

Folglich kann in der Perspektive der Elementarisierung die Auswahl von Lesungstexten nicht abstrakt – und gar Jahrhunderte (!) im Voraus – geleistet werden. Vielmehr müssen die potenziellen Hörer und Hörerinnen in den Blick genommen werden, beim Sonntagsgottesdienst konkret die Glieder einer Kirchengemeinde mit ihren milieu- und lebensformspezifischen Besonderheiten. Dazu ist die Intertextualität biblischer Texte zu beachten, deren Wirkungsgeschichte bis in die heutige Lebenswelt reicht.

> »Die ›Texte‹ (von lat. textus = Gewebe), die das Gespräch mit der Bibel bereichern, beschränken sich nicht auf das gesprochene und geschriebene Wort. Nicht nur die verbale Sprache kann ›Schnittstellen‹ zu fremden Erfahrungen bahnen, sondern auch nonverbale Zeichensysteme wie Bild oder Symbol, Ritual oder Musik.«[284]

Erst ein solches umfassend auf den Text, dessen Wirkung und die gegenwärtige Situation bezogenes Vorgehen fördert die Erschließung der Lebensbedeutsamkeit eines Textes. Dass die Theologen bei der Arbeit hieran auf die Kooperation mit den Kirchenmusikern, aber auch mit anderen Gemeindegliedern

---

284 Burckhard Porzelt, Grundlinien biblischer Didaktik, Bad Heilbrunn 2012, 148.

angewiesen sind, die sich mit der kulturellen Entwicklung beschäftigt, liegt auf der Hand.

2.2 Elementarisierung der Lesung(en)

Die bisherigen Bemühungen um die »Elementarisierung« im Bereich der Arbeit an der Perikopenrevision bewegen sich – wie erwähnt – im Bereich einer Elementartheologie, wenn nach der Bedeutsamkeit eines Textes lediglich im Kontext der Bibel gefragt wird. Sie sind noch nicht zur in der Didaktik herausgearbeiteten Anforderung der eben skizzierten Elementarisierung vorgestoßen.

Die didaktische Aufgabe kann nur vor Ort, eben unter Bezug auf die konkreten, an der Kommunikation beteiligten Menschen und ihre besondere Situation, geleistet werden. Allerdings gibt es – wie beim schulischen Unterricht etwa das Alter der Heranwachsenden – Gegebenheiten, die allgemein zu beachten sind. Hier sind die im 3. Kapitel exemplarisch aufgezählten Entwicklungen zu nennen, die gegenwärtig die Rezeption von Texten bestimmen, z. B.: der demographische Wandel (s. Kap. III, 4.2) mit der Konsequenz der zunehmenden Zahl alter und auch dementer Menschen, die Einsichten zur Inklusion (s. Kap. III, 4.5) hinsichtlich der Leichten Sprache oder die Tatsache, dass die Jugendlichen um die 14 Jahre (als Konfirmanden) in den meisten Kirchengemeinden eine wichtige Gruppe im sonntäglichen Gottesdienst bilden.

Eine Reflexion der agendarisch vorgesehenen Lesungspraxis in dieser Perspektive wirft kritische Fragen u. a. zu *Zahl, Sprache und Länge der Lesungen* auf. Wohl nur wenige Menschen dürften heute in der Lage sein, drei biblische Lesungen aufzunehmen und diese in ihrem Zusammenhang zu verstehen. Auch die Länge und Sprachform vieler Lesungen setzt gebildete, etwa durch universitäre Vorlesungen an längeres

Zuhören gewöhnte Personen voraus. Leider fehlen entsprechende empirische Untersuchungen zur Hör- und Aufnahmefähigkeit unterschiedlicher Personen(gruppen). Doch unterstützen – auf Konfirmanden übertragbare – Umfragen im Bereich der Rezeption kirchlicher Rundfunksendungen durch Jugendliche die Vermutung, dass die agendarisch vorgesehene Lese-Praxis ihre Aufnahmefähigkeit überfordert.[285]

Diese Problemanzeige wird noch dadurch verstärkt, dass die Zahl der Menschen, die außerhalb des Gottesdienstes in unmittelbaren Kontakt mit biblischen Texten kommen, gering sein dürfte. So ist der Zusammenhang der Texte und heutiger Lebenswelt erst explizit herzustellen. Dies entspricht den Erwartungen der Gemeindeglieder. Helmut Schwier stieß jedenfalls in einer empirischen Studie zur Predigtrezeption bei den Hörenden auf die Erwartung einer »enge(n) Verbindung von Bibel- und Lebensbezug«.[286]

3. Gestaltung

Unter dem Signum der Ästhetisierung der Lebensvollzüge (s. Kap. III, 3.5) als einem Charakteristikum gegenwärtiger Kultur kommt der Gestaltung gottesdienstlicher Lesungen hervorragende Bedeutung zu. Dabei zeigt ein Vergleich mit sonstigen Lesungen in heutiger Zeit neben manchen Ähn-

---

285 S. am Unterhaltungsbegriff orientiert die Studie von Matthias Bernstorf, Ernst und Leichtigkeit. Wege zu einer unterhaltsamen Kommunikation des Evangeliums (Studien zur Christlichen Publizistik 13), Erlangen 2007, 147–221.

286 Helmut Schwier/Sieghard Gall, Predigt hören. Befunde und Ergebnisse der Heidelberger Umfrage zur Predigtrezeption (Heidelberger Studien zur Predigtforschung 1), Berlin 2008, 242.

lichkeiten die Besonderheit dieser Kommunikationsform. Diese gilt es deutlicher als bisher zu profilieren, damit die Menschen die Lesung der biblischen Texte als attraktiv erleben sowie sie verstehen und sich aneignen können.

3.1 Lesungen außerhalb des Gottesdienstes

Vorweg ist festzuhalten: Die Bedeutung von Lesungen geht in unserer skriptural geprägten Gesellschaft zurück. So spricht man zwar im politischen Bereich bei Gesetzesverfahren noch von »Lesungen«. Ein Blick in die Geschäftsordnung des Deutschen Bundestags[287] zeigt aber, dass es sich hier heute nur noch um einen metaphorischen Sprachgebrauch handelt. Tatsächlich werden die Gesetzesentwürfe in Papierform als Bundestagsdrucksachen eingebracht und die Diskussionen im dreistufigen Verfahren beziehen sich auf diese schriftlichen Dokumente.

Ähnliches gilt auch für das Rechtswesen. *Urteile bzw. Beschlüsse* werden nur teilweise mündlich verkündet, auf jeden Fall aber schriftlich zugestellt. Lediglich in Strafprozessen wird die Urteilsformel in der Regel noch verlesen sowie die Begründung mündlich vorgetragen bzw. verlesen. Im zivilrechtlichen Bereich wird davon oft abgesehen.

Schließlich war und ist die *Vorlesung (lectio)* eine klassische Gattung der universitären Lehre. Vor der allgemeinen Verbreitung gedruckter Bücher las der Professor auf dem Katheder aus einem »festgelegten Lehrbuch und der Kom-

---

287 S. zum genauen Verfahren »VIII. Vorlagen und ihre Behandlung« in: Geschäftsordnung des Deutschen Bundestages (abgedruckt z. B. in: Horst Dreier/Fabian Wittreck [Hrsg.], Grundgesetz. Textausgabe mit sämtlichen Änderungen und andere Texte zum deutschen und europäischen Verfassungsrecht, Tübingen ²2007, 135–191, v. a. § 77).

mentierung eines Textes vor«[288]. Heute halten Hochschullehrer ihre Vorlesungen nach eigenem Manuskript mehr oder weniger frei. Sie greifen dabei nicht selten auf visuelle Präsentationen zurück und geben Raum für Fragen der Studierenden und anschließende Diskussionen. Doch gibt es noch kulturelle Bereiche, in denen vorgelesen wird:

»Lesungen« finden im Literaturbetrieb als *Dichterlesungen* statt. Ein Autor stellt etwa sein neues Buch einem interessierten Hörerkreis vor und liest – meist sitzend – ihm wichtig erscheinende Passagen aus dem Werk vor. Die Menschen, die an solchen Lesungen teilnehmen, gehören – kultursoziologisch betrachtet – meist zum sog. Niveaumilieu: »Fast alle (sc. zum Niveaumilieu Zugehörige, Ch. G.) beteiligen sich an der Hochkulturszene, gehen ins Konzert, ins Theater, ins Museum, in die Oper, in Ausstellungen, Dichterlesungen und ähnliches.«[289] Dabei steht die ästhetische Darbietung im Mittelpunkt, der konkrete Inhalt tritt zurück: »Es geht weniger um die Aussage als um die Aussageform.«[290] Das in solchen Veranstaltungen verbreitete Streben nach kultureller Distinktion schließt eine Absage an »das Praktische, das Triviale, das Unruhige« ein.[291]

In einen ganz anderen Bereich führt das *Vorlesen im Kinderzimmer und Klassenraum*. Zweifellos fördert das Hören guter Literatur nicht nur die sprachliche Entwicklung eines Kindes. Viele Kinder schätzen den Raum der Ruhe und inti-

---

288 Rainer Müller, Geschichte der Universität. Von der mittelalterlichen Universitas zur deutschen Hochschule, München 1996 (1990), 26.

289 Gerhard Schulze, Die Erlebnisgesellschaft. Kultursoziologie der Gegenwart, Frankfurt 1992 (1993), 283; weiter beschrieben wird dieses Milieu a. a. O., 283–291.

290 A. a. O., 285.

291 A. a. O., 288.

men Nähe, wenn ihnen Eltern oder Großeltern etwa vor dem
Schlafengehen vorlesen. Vor allem in der Grundschule wird
dieser Modus aufgenommen, um Kindern einen Zugang zum
Medium Buch zu eröffnen. Auch hier entsteht in sonst unruhigen Klassen oft eine konzentrierte Atmosphäre, wenn die
Lehrerin oder der Lehrer in Fortsetzungen eine spannende
Geschichte vorliest.

Eine gewisse Nähe hierzu hat das *Vorlesen in Krankenzimmern, Alters- und Pflegeheimen*. Bei Menschen, die auf
Grund von mangelndem Sehvermögen oder kognitiven Beeinträchtigungen nicht (mehr) selbst lesen können, dient das
Vorlesen – neben der Information über Aktuelles – zur Unterhaltung und hilft so bei der Lebensbewältigung.[292]

Wachsende Verbreitung finden sog. *Hörbücher*. Sie stellen
eine elektronisch vermittelte Form des Vorlesens dar und
umfassen auch religiöse Texte. So liegt z. B. eine 86 Stunden
umfassende Ausgabe der Luther-Bibel vor.

Schließlich gewinnt in Deutschland die *Koran-Rezitation*
(Qira'at) an Bekanntheit. Bei einem Tag der offenen Tür in
einer Moschee, auf Veranstaltungen arabischer Kulturvereine
oder in Form von Lesungen im Internet begegnen Menschen
dieser in ihrer Fremdheit oft beeindruckenden Art von Lesung.
Da in altarabischer Sprache vorgetragen, tritt hier für Deutsche
exklusiv der ästhetische Aspekt in den Vordergrund.[293]

---

292 Die lebenspraktische Bedeutung von »Unterhaltung« arbeitet begriffsgeschichtlich präzise heraus Matthias Bernstorf, Ernst und Leichtigkeit.
Wege zu einer unterhaltsamen Kommunikation des Evangeliums (Studien zur Christlichen Publizistik 13), Erlangen 2007, 24–60.

293 Zu den durch die verschiedenen Handschriften des Korans aufgeworfenen Problemen und Herausforderungen für die Rezitation s. Thomas
Bauer, Die Kultur der Ambiguität. Eine andere Geschichte des Islams, Berlin 2011, 54–142.

Schon dieser kurze Überblick zeigt, dass Lesungen zwar an Bedeutung verloren haben, aber durchaus noch einen festen Platz in der heutigen Kultur einnehmen. Dabei ist dieser Kommunikationsmodus je nach Kontext sehr unterschiedlich ausgestaltet.

Auffällig ist, dass die Formen des Vorlesens, bei denen es primär auf Information und Entscheidung ankommt, mittlerweile – weitgehend – in schriftliche Formen transformiert wurden. Dagegen überwiegt bei dem heute praktizierten Vorlesen die ästhetische Dimension gegenüber dem inhaltlichen Interesse. Was bedeutet dies für die biblischen Lesungen im Gottesdienst?

3.2 Lesungen im Gottesdienst

Gegenüber der ästhetisch profilierten Vorlesekultur im Niveaumilieu wirken die Lesungen in evangelischen Gottesdiensten meist eher beliebig und wenig sorgfältig gestaltet. Manchmal liest der Pfarrer selbst, bisweilen ein Presbyter oder ein Konfirmand. Nur in seltenen Fällen verrät der Vortragsstil eine Schulung. Auch dürften eine intensive Auseinandersetzung mit der Lesung und eine entsprechende Vorbereitung für den Vortrag eher selten sein. Ähnliches gilt für den Ort der Lesung: ein Ambo, von dem her aber auch etwa Abkündigungen mitgeteilt werden; manchmal ein eigenes Lesepult; mitunter der Altar oder die Kanzel; nicht selten die eine Lesung hier, die andere dort.

Deutliche Unterschiede bestehen ebenfalls zum familiären Kontext als weiterem Bezugsrahmen heutigen Vorlesens. Die teilweise weit auseinander Sitzenden lassen im häufig zu großen Kirchenraum nur schwer eine Atmosphäre der Vertrautheit aufkommen. Auch differiert die Förmlichkeit des an das Lesepult Tretens und so an herausgehobener Stelle Agierens vom Sitzen an einem Kinderbett bzw. auf der Couch im Zimmer eines Pflegeheims.

So gilt es, die Besonderheit der biblischen Lesungen genauer zu erfassen. Dazu ist zuerst die Funktion der biblischen Lesungen im Gottesdienst zu bestimmen. Metaphorische Formulierungen wie die auch auf evangelischer Seite gern zitierte Formulierung des Zweiten Vaticanum vom »Tisch des Gotteswortes« (zit. Kap. II, 2.5) helfen hier nicht weiter, ganz abgesehen von ihren bibeltheologischen Problemen (s. Kap. I, 2).

In reformatorischer Perspektive ist die Ausrichtung der Schriftlesung klar. Luther formulierte sie in seiner kleinen Schrift »Von ordenung gottis dienst ynn der gemeine« indirekt, indem er sich negativ von der bisherigen liturgischen Praxis abgrenzte:

> »Drey grosse mißbreuch sind ynn den gottis dienst gefallen / Der erst / das man gottis wort geschwygen hat / vnd alleyne geleßen / vnd geschwygen ynn den kirchen / das ist der ergiste mißbrauch / Der ander / da Gottis wort geschwygen gewesen ist / sind neben eyn komen / so viel vnchristlicher fabeln / vnd lugen / beyde ynn legenden / gesange vnd predigen / das greulich ist tzu sehen. Der dritte / das man solchen gottis dienst / als eyn werck than hatt / da mit gottis gnade vnd selickeyt zur werben / da ist der glaub vntergangen / vnd hatt yederman zu kirchen geben / stifften / pfarr / munch vnd nonnen werden wollen.« (WA 12,35)[294]

Es geht positiv – in der Sprache des Reformators – um »Gottes Wort«, also um *eine den Menschen in seinem Zentrum unmittelbar betreffende Orientierung*. Damit ist die Lesung eines

---

294 Eine aufschlussreiche, pointierte semiotische Exegese dieses Textes findet sich bei Karl-Heinrich Bieritz, Daß das Wort im Schwang gehe. Lutherischer Gottesdienst als Überlieferungs- und Zeichenprozeß, in: Ders., Zeichen setzen. Beiträge zu Gottesdienst und Predigt (PThe 22), Stuttgart 1995, 82–106.

biblischen Textes einzigartig und reicht in ihrem inhaltlichen Anspruch über die sonst gepflegten Vorleseformen hinaus. »Gottes Wort« soll im Vollzug von Lesen und Hören verstanden werden, wozu sowohl emotionale Berührung als auch kognitive Einsicht gehören. – So betonte Luther nachdrücklich die Bedeutung der Predigt als Erklärung der biblischen Botschaft. Wie weit das Interesse am Verstehen biblischer Texte bei ihm geht, zeigt sich daran, dass er in der Deutschen Messe sogar das Vaterunser nicht bloß nachspricht, sondern paraphrasiert (s. Kap. IV, 2.1).

In der Gegenwart erscheint von daher die bloße Verlesung eines Bibeltextes problematisch. Für viele Menschen dürften mit den heute üblichen Lesungen – in der deftigen Sprache des Reformators formuliert – wohl »nur die wende ... angeblehet« (WA 12,36) werden. Die bereits im Mittelalter nachweisbaren Formen der Einleitung der Schriftlesungen (»Incipit«-Formeln), teilweise verbunden mit einer direkten Anrede der Hörenden (s. Kap. III, 3.5), weisen in eine andere Richtung. Unter den damaligen Kommunikationsbedingungen führten sie – wenigstens grundsätzlich[295] – die Hörenden an die Bedeutung der biblischen Lesung als »Wort Gottes« und damit als Orientierung für ihr Leben heran. Heute wird hierzu meist ein knapper, die inhaltliche Relevanz des Textes für die Gegenwart annoncierender Satz notwendig sein.

Eine solche – gut überlegte und bei der empfohlenen Aushebung der Schriftlesungen durch die ortsansässigen Pfarrer am besten gleich mitformulierte (*praeceptis verbis*) – Hinführung bekommt im heutigen religionspluralen Kontext noch eine weitere wichtige Bedeutung. Damit zeigt christliche Ge-

---

295 De facto verstanden die meisten Menschen die in lateinischer Sprache vorgetragenen Texte nicht.

meinde, dass es sich bei den biblischen Texten um keine an sich wirkenden »heiligen Worte« handelt. Vielmehr sollen sie Menschen in ihrem Leben Orientierung geben. Die inkarnationstheologisch begründete dialogische Zuwendung Gottes zum Menschen erhält durch die direkt an die Hörer gerichtete und auf ihre Lebenswelt bezogene Form der Lesung einen für christliche Gemeinde signifikanten Ausdruck.

Dementsprechend ist zu überlegen, wie die Lesung so gestaltet wird, dass sie ihre – im Wortsinn – »evangelische« Funktion erfüllen kann. Es macht nachdenklich, dass die klassischen Formen des Vorlesens im Parlament und Gerichtswesen (weitgehend) in die schriftliche Form transformiert wurden. Für die Vermittlung kognitiver Inhalte ist – in einer alphabetisierten Gesellschaft – die Schriftform zweifellos günstiger als der flüchtigere Eindruck mündlicher Rede. Doch unterstreicht das Vorlesen im Gottesdienst – medientheoretisch gesehen – die Bedeutung des Personalen in der Kommunikation des Evangeliums. Angesichts der besonderen Bedeutung von Vertrauen für die Kommunikation des Evangeliums sollte dies unbedingt beibehalten werden.

Die Chance solcher *personalen, also unmittelbaren und alle Sinne umfassenden Face-to-face-Kommunikation* ist gegenüber den sonst unsere Mediengesellschaft bestimmenden apersonalen Medien ihr partizipatorischer, symmetrischer und auf Begleitung angelegter Charakter.[296] Damit dies tatsächlich erfahrbar ist, bedarf es nicht nur sorgfältiger Gestaltung.

Um die sich hier ergebenden Herausforderungen genauer zu fassen, hilft wieder ein Seitenblick auf die Bibeldidaktik

---

296 S. Christian Grethlein, Kommunikation des Evangeliums in der Mediengesellschaft (ThLZ.F 10), Leipzig 2003, 110.

weiter. So konstatiert Bernd Schröder am Ende einer kennt-
nisreichen und systematisch klaren Übersicht zu dieser Thematik:

> »Guter, anregender Bibelunterricht setzt voraus, dass die Lehrenden
> ihrerseits ›etwas mit der Bibel anfangen können‹, dass sie selbst aus
> den vielfältigen Texten, Auslegungsweisen, Methoden Orientierung
> gewinnen.«[297]

Hier macht der Göttinger Religionspädagoge auf die Grundlage personaler Kommunikation aufmerksam, die Glaubwür-
digkeit der Kommunizierenden. Es ist klar, dass ein lebendi-
ges Verhältnis zur Bibel nicht einfach hergestellt werden
kann. Doch wenn – wie der Vergleich mit den anderen Formen von Lesungen in der Gegenwart nahelegt – tatsächlich
die Personalität das entscheidende Kennzeichen der Kommunikation biblischer Texte im Gottesdienst ist, wird damit eine
wichtige Aufgabe bezeichnet.

Daraus folgt, dass die konkreten Kommunikationsformen
der Schriftlesung nicht allgemein festgelegt werden können.
Denn ein solches Kommunikationsgeschehen folgt im konkreten Vollzug einer interaktiven Dynamik. Grundsätzlich
gibt es – wie bei der Auswahl der Lesungen – zwar einen allgemein kulturellen Rahmen für biblische Lesungen, doch
kann die konkrete Gestaltungsaufgabe nur vor Ort und von
den konkreten Menschen gelöst werden, die ihre Erfahrungen einbringen.

Die persönliche Auseinandersetzung der im Gottesdienst
Lesenden mit dem biblischen Text geht also der konkreten
Gestaltung voraus und begleitet diese. Die Bedeutung der Intertextualität (s. Kap. V, 2.1) wird dabei immer wieder zu Aus-
drucksformen führen, die das bloße Vorlesen übersteigen.

---

297 Bernd Schröder, Religionspädagogik, Tübingen 2012, 612 f.

Dazu gibt die Liturgiegeschichte zahlreiche Beispiele, angefangen vom Lesen mit verteilten Rollen über den Einsatz von
Bibelparaphrasen bis hin zur Kantillation.[298] Sie sind in heute
übliche Kommunikationsformen zu transformieren. Erfahrungen aus dem Ausland, aber auch aus dem freikirchlichen
Bereich können hier anregend sein.

4. Nichtbiblische Lesungen

Ein kurzer Blick in die Geschichte christlicher Gottesdienste
(s. Kap. I, 3) zeigte, dass schon in der Alten Kirche und später
immer wieder Lesungen von nichtbiblischen Schriften im
Gottesdienst stattfanden. In der Reformationszeit stand bei
deren Auswahl das katechetische Interesse im Mittelpunkt.
Auch heute lohnt sich ein kurzer Blick auf entsprechende
Möglichkeiten und deren Probleme.

Dazu kommt durch die Verbreitung des Islams, aber auch
anderer Daseins- und Wertorientierungen und die dadurch
entstehende Notwendigkeit interreligiöser Dialoge die Frage
nach dem Umgang mit heiligen Schriften aus nichtchristlichen Bereichen. Sie erfordert grundsätzliche religionstheologische Reflexionen, auf die wenigstens kurz hingewiesen werden soll.

4.1 Christliche Texte

Offenkundig war es seit der Alten Kirche das Bestreben um Lebensnähe und Anschaulichkeit, das zum Lesen aus christlichen, aber nichtbiblischen Texten führte. Berichte von Märtyrern und Erzählungen von Heiligen erwiesen sich als be-

---

298 S. Balthasar Fischer, Formen der Verkündigung, in: GdK 3 (1987), 77–96,
83–87.

sonders attraktiv. Die (in Kap. V, 3.2) zitierte Kritik Luthers an der von ihm vorgefundenen liturgischen Praxis stellt aber ein deutliches Warnsignal auf. Solche Texte sind sorgfältig zu prüfen. Inhaltlich müssen sie dem Kriterium der Biblizität genügen. Sog. Kontrastlesungen »mit der Intention, daß die nachfolgende Schriftlesung und Predigt zurechtrücken, was an der jeweiligen Äußerung falsch oder schief war«[299], können zu Missverständnissen führen und haben sich nicht bewährt.

Allerdings wäre es problematisch, wollte man von vornherein auf Lesungen nichtbiblischer, aber christlicher Texte verzichten. Denn die große Distanz zwischen den antiken biblischen Texten und der heutigen Lebenswelt ist unübersehbar. Von daher legt sich grundsätzlich die Suche nach zeitgenössischen Texten christlicher Autoren nahe.[300] Sie zeigen unmittelbar die Bedeutung des Evangeliums in der Gegenwart.

Wahrscheinlich wird es sich dabei aber nur um Ausnahmen handeln. In der liturgischen Tradition traten nichtbiblische Texte an die Seite biblischer Lektionen, ersetzten aber keine davon. Von daher besteht die Gefahr, durch Hinzunahme einer nichtbiblischen Lesung die Textlastigkeit des Gottesdienstes noch zu erhöhen. Eine besondere Bedeutung haben nichtbiblische Texte vielleicht – in Entsprechung zu den reformatorischen Katechismuslesungen – in besonderen, auf Heranwachsende ausgerichteten Gottesdiensten. In der Kinderkirche kann so direkt an den Modus des Vorlesens in der Familie angeknüpft werden.

---

299 A. a. O., 88.

300 Interessante Anregungen geben z. B. die Beiträge in: Walter Rehahn (Hrsg.), Das BUCH und die Bücher. Literaturvorträge am Cansteinschen Bibelzentrum Halle, Halle 2010.

4.2 Texte aus nichtchristlichen Religionen
(bzw. Daseins- und Wertorientierungen)

Das Miteinander-Leben von evangelischen Christen mit Angehörigen anderer Religionen bzw. Daseins- und Wertorientierungen wirft auch liturgische Fragen auf. Im Bereich der Kasualien liegen sie besonders nahe, etwa bei dem Eheschluss eines Muslims mit einer Christin, bei der Bestattung einer Christin mit einem muslimischen Witwer usw.[301] Äußerungen von Kindern mit einem muslimischen Vater und einer christlichen Mutter zeigen, dass traditionelle, primär an doktrinärer Unterscheidung interessierte Theoriebildungen nicht zureichen.[302]

Bei Kasualien, Schulgottesdiensten und ähnlichen Feiern, bei denen Christen und Muslime gemeinsam vor Gott treten,[303] aber auch bei liturgischen Feiern im Zusammenhang mit christlich-islamischen Dialogbemühungen werden regelmäßig Lesungen aus dem Koran vorgetragen. In gemeinsamen Feiern mit Menschen aus anderen Religionen werden dies andere Texte sein. Dabei stellt sich evangelischen Christen die Frage nach der theologischen Bedeutung solcher nichtchristlicher Texte.

---

301 Auf das den christlich-islamischen Dialog belastende Verbot für muslimische Frauen, einen Christen zu heiraten, sei wenigstens hingewiesen.

302 S. eindrücklich das Interview mit dem neunjährigen Jakob in: Ursula Arnold/Helmut Hanisch/Gottfried Orth (Hrsg.), Was Kinder glauben, 24 Gespräche über Gott und die Welt, Stuttgart 1997, 56-69, und die darauf bezogene Interpretation in Gottfried Orth/Helmut Hanisch, Glauben entdecken – Religion lernen. Was Kinder glauben, Teil 2, Stuttgart 1998, 17-26.

303 Zur schwierigen Frage der Übereinstimmung im Gottesglauben s. sehr differenziert aus religionswissenschaftlicher Sicht Udo Tworuschka, Glauben alle an denselben Gott? Religionswissenschaftliche Anfragen, in: Horst Rupp/Klaas Huizing (Hrsg.), Religion im Plural, Würzburg 2011, 135-157.

In Deutschland empfiehlt sich angesichts problematischer Erfahrungen mit Texten aus germanischem Religionskontext Zurückhaltung mit vorschnellen Übernahmen. Doch eröffnen religionstheologische Reflexionen Wege, um im Sinne der Konvivenz Texte theologisch ernst zu nehmen, die für andere Menschen Offenbarungsqualität besitzen. Wilfred Cantwell Smith hat z. B. für den Koran eine interessante diesbezügliche Argumentation aufgebaut.[304]

Hermeneutisch ist der Ausgangspunkt von Smith, dass der Glaube an die Offenbarung im Koran dessen Lektüre vorausgeht und erst im Nachhinein eine Bestätigung erhält:

> »Jene, die den Koran für das Wort Gottes gehalten haben, haben durch diesen Glauben erlebt, dass Gott tatsächlich durch den Koran zu ihnen spricht. Sie haben ihr Leben danach ausgerichtet und dann erfahren, dass sie hierdurch wirklich in die Gegenwart Gottes gebracht wurden. Dieses Buch verheißt all jenen, die sich seinem Geist und Buchstaben unterwerfen, in diesem Leben Rechtleitung und Mut, inneren Frieden und Ausdauer und im kommenden Leben Glückseligkeit. Was das Leben nach dem Tod betrifft, so haben wir hierfür keine Belege, aber hinsichtlich des jetzigen Lebens wurde diese Verheißung bei jenen, die ihr glaubten, in der Tat erfüllt.«[305]

Demnach darf die Frage nach dem theologischen Status des Korans nicht abstrakt gestellt werden, sondern ist auf konkrete Menschen und deren Kommunikation zu beziehen. Denn – so Smith – Gott spricht nur in konkreten Situationen zu konkreten Menschen. »Richtig gestellt müsse die Frage daher lauten: Hat Gott durch den Koran an bestimmten Orten zu bestimm-

---

304 Grundlegend: Wilfried Cantwell Smith, Is the Qur'an the Word of God?, in: Ders., Questions of Religious Truth, London 1967, 39–62. Perry Schmidt-Leukel, Gott ohne Grenzen. Eine christliche und pluralistische Theologie der Religionen, Gütersloh 2005, 376–381, referiert die Argumentation von Smith, der ich folge.

305 Zitiert und übersetzt bei Schmidt-Leukel, a. a. O., 377.

ten Zeiten zu ganz konkreten Menschen gesprochen?«[306] Von daher gibt es durchaus die Möglichkeit einer Koran-Lesung in einem evangelischen Gottesdienst, insofern der Koran dann als Offenbarungstext für den Vortragenden figuriert.

Bei der Gestaltung ist darauf zu achten, dass sich die Lesung aus der Bibel von der aus dem Koran unterscheidet. Denn der im Islam dem Koran zukommende Offenbarungscharakter entspricht etwa der Bedeutung Jesu Christi für die Christen und eben nicht der Bibel als einem menschlichen Zeugnis von Gottes Handeln. Eine entsprechende kurze Einführung in die biblische Lesung (s. Kap. V, 3.2) kann dies zum Ausdruck bringen.

5. ZUSAMMENFASSUNG

Die Frage nach der Auswahl der biblischen Lesungen bestimmt die gegenwärtige Arbeit an der Perikopenordnung. Dabei zeigt das seit Eisenach herrschende zentrale Vorgehen erhebliche hermeneutische und didaktische Schwächen.

Demgegenüber ist – in Parallele zur Aufgabe der Lehrer bei der inhaltlichen Füllung kompetenzdidaktischer Lehrpläne – zu fragen: Kann nicht der Situationsbezug biblischer Lesungen – und damit auch der Predigt – durch das Auswählen der Texte vor Ort (vor allem) durch die Pfarrer verbessert werden? Die pädagogische Forschung zur Elementarisierung und deren religionspädagogische Rezeption weisen darauf hin, dass die angestrebte »Elementarisierung« der biblischen Lesungen die konkreten Hörer und damit die Situation vor Ort berücksichtigen muss.

---

306 A. a. O., 378.

Der Vergleich mit anderen heute üblichen Formen des Vorlesens rückt den personalen Charakter der biblischen Lesungen in den Mittelpunkt. Bibeldidaktische Einsichten unterstreichen dies und machen auf die Bedeutung der persönlichen Einstellung der Lesenden zur Bibel für den Kommunikationsprozess aufmerksam.

Ein solches Ernstnehmen der tatsächlichen Kommunikation im Gottesdienst stellt die Zahl, Sprache und Länge der für den Sonntagsgottesdienst vorgesehenen biblischen Lesungen in Frage. Die reformatorische Warnung vor einem nicht auf Verstehen zielenden liturgischen Handeln verdient hier Beachtung. Von daher erscheint zum einen die Formulierung einer knappen, zur Gegenwartsbedeutung der jeweils biblischen Lesung führenden Einleitung ein wichtiger Teil der Arbeit an den Perikopen. Zum anderen ist zu prüfen, ob nicht um der Eindrücklichkeit und Nachhaltigkeit willen die Lesung eines gut ausgewählten und eingeleiteten, knappen biblischen Textes dem agendarischen Usus mit drei teilweise eher langen Lesungen vorzuziehen ist.

Schließlich sollte die Möglichkeit, nichtbiblische christliche Texte zu lesen, im Blick behalten werden. Vor allem Gottesdienste mit pädagogischer Ausrichtung können hier an die reformatorische Tradition der Katechismus-Lesungen anschließen. Das Vorlesen einer entsprechenden Erzählung etwa in der Kinderkirche knüpft für manche Kinder an schöne familiäre Erfahrungen an und erweitert diese.

Die Frage nach dem Lesen nichtchristlicher Texte erfordert grundsätzliche religionstheologische Reflexionen. Ein Offenbarungsverständnis, das sich primär auf konkrete Kommunikation und nicht auf abstrakte Lehren bezieht, eröffnet eine neue liturgische Reflexionsperspektive.

VI. Vorschläge zur Weiterarbeit

Die exemplarische Durchsicht im 3. Kapitel zu Kirche, Politik, Kultur, Gesellschaft und Theologie ergab erhebliche Veränderungen in den letzten Jahrzehnten. Sie betreffen das Verfahren, nach dem die biblischen Texte erhoben werden. Das bisherige zentrale Vorgehen, an dessen Ende in den deutschen Landeskirchen verbindliche Lesungs- und Predigttexte für jeden Sonntag stehen, ist eher Ausdruck einer staatsanalogen Institution als einer sich den zivilgesellschaftlichen Herausforderungen stellenden Organisation. Theologisch bedenklich ist dabei, dass die unbestrittene Notwendigkeit einer Elementarisierung auf Überlegungen zum biblischen Binnenraum reduziert wird. Dabei kommt nämlich die konkrete Situation der den Gottesdienst Feiernden nicht in den Blick.

Mein Vorschlag, stattdessen die Aufgabe der Textauswahl in die Hände (vor allem) der Pfarrer vor Ort zu legen und so deren theologische Kompetenz zu nutzen, hat neben der konkreten Arbeit auch Auswirkungen auf den Pfarrberuf.

Dazu kommt dem Kirchenjahr erhebliche Bedeutung zu, denn es prägt traditionell die Auswahl der sonn- und feiertäglichen Lesungen. Allerdings gilt auch hier, dass eine bloße Fortschreibung des anscheinend feststehend Vorgegebenen nicht weiterführt. Das heute Traditionelle erweist sich – in historischer Perspektive – als Resultat komplexer Veränderungen, die nach wie vor andauern und in eine Praxistheorie einbezogen werden müssen.

Bevor aber diese beiden Themenbereiche behandelt werden, gilt es noch auf den empirischen Befund einer Befragung

zu den Perikopen einzugehen. Sie ergab bei den kirchlich mit
der Gottesdienstgestaltung Beauftragten eine Zufriedenheit
mit dem bestehenden System. Hat es angesichts dessen überhaupt Sinn, eine so weitreichende Neuorientierung anzure-
gen?

Den Abschluss bilden einige allgemeine Handlungsemp-
fehlungen. Sie skizzieren die Konsequenzen aus meiner historischen, empirischen und systematischen Analyse.

1. Empirische Befunde und Defizite

Es ist ein Novum der gegenwärtigen Perikopenrevision, dass
am Beginn der Arbeit eine fachmännisch – durch den Religi-
onssoziologen Gert Pickel und den Praktischen Theologen
Wolfgang Ratzmann – durchgeführte empirische Untersuchung stand. Neben einer aufwändigen Befragung von »Pra-
xisexperten«, konkret Pfarrer, Lektoren und Kirchenmusiker,
fanden Einzel- und Gruppeninterviews statt.[307]

Dieser Befragung gilt zuerst mein Augenmerk. Ein Vergleich mit anderen empirischen Befunden zeigt schnell deren
Problematik. Denn die mit der Auswahl der Befragten gegebene Beschränkung auf den pastoralen (und kirchenmusika-
lischen) Binnenraum blendet von vornherein die heutigen
Schwierigkeiten der Kommunikation des Evangeliums hinsichtlich der Kirchenmitglieder aus.

---

307 Die wichtigsten Befunde sind schnell greifbar in: Gert Pickel/Wolfgang
Ratzmann, Gesagt wird – Eine empirische Studie zur Rezeption der gottesdienstlichen Lesungen, in: Kirchenamt der EKD/Amt der UEK/Amt der
VELKD (Hrsg.), Auf dem Weg zur Perikopenrevision. Dokumentation
einer wissenschaftlichen Fachtagung, Hannover 2010, 95-109. Die folgenden konkreten Angaben sind diesem Aufsatz entnommen.

1.1 Einstellung der kirchlichen Handlungsträger

Die 2010 durchgeführte Umfrage ergibt zum einen, dass sich fast alle Pfarrer (98 %) immer oder oft an die Ordnung der Predigttexte halten.[308] Die vorhandene und breit genutzte Predigtvorbereitungsliteratur stützt diese hohe Akzeptanz. Auch findet das Vorhandensein einer »offizielle(n) kirchliche(n) Lese- und Predigttext-Ordnung« bei allen drei befragten Gruppen große Zustimmung (71 % »Auf jeden Fall sinnvoll«; 25 % »Eher sinnvoll«; 4 % »Eher nicht sinnvoll«).[309]

Bei einzelnen Themen ergeben sich dagegen kritische Anfragen. So kritisieren 81% die »Kompliziertheit und Länge einzelner Texte« und mahnen deren Verständlichkeit an.[310] Als Gesamtergebnis resümieren Pickel und Ratzmann:

> »Zwischen dem Reformwillen in Expertengremien und dem in den Gemeinden gibt es offenbar eine deutliche Differenz. Die Kritik an OPT aus den Gemeinden, von Seiten der Gottesdienstexperten in den Gemeinden, von Seiten der Prediger und Liturginnen, von Seiten der ehrenamtlichen Predigerinnen und Prediger, von Seiten der Fachleute für Kirchenmusik ist eher verhalten. Wenn überhaupt, dann wünscht man sich eher moderate Veränderungen, die das System nicht grundlegend verändern.«[311]

Angesichts solcher Befunde scheint die von mir unternommene grundsätzliche Kritik am gegenwärtigen Perikopensystem ohne Anhalt an der Praxis und deshalb letztlich überflüssig, da rein theoretisch. Doch trügt dieser Eindruck. Eine andere Situation tritt vor Augen, wenn die Lesungen aus kommunikationstheoretischer Perspektive untersucht werden.

---

308 S. a. a. O., 99.
309 S. a. a. O., 103.
310 S. a. a. O., 105.
311 A. a. O., 108 f.

1.2 Pastorale Problemlagen

Im Gegensatz zum Design dieser Studie standen in meinen bisherigen Überlegungen die am Gottesdienst ohne einen kirchlichen Dienstauftrag Teilnehmenden im Zentrum. Tatsächlich besteht ein erheblicher kommunikativer Hiatus zwischen Pfarrern – nur für diese kirchliche Berufsgruppe liegen genauere empirische Daten vor – und vielen Kirchenmitgliedern. Alexandra Eimterbäumer fasst einschlägige empirische Untersuchungsergebnisse zusammen:

> »Pfarrerinnen sprechen primär mit den hochverbundenen Kirchenmitgliedern und immer weniger mit anderen Kirchenmitgliedern. Man kann dies als einen Prozess zunehmender Schließung beschreiben: Große Gruppen (Personen bestimmter Lebensstile bzw. Mitgliedschaftstypen) werden von der Interaktion mit Pfarrern und der durch sie repräsentierten Kirche ausgeschlossen.«
>
> Um etwaigen wertenden Missverständnissen zu wehren, ergänzt Eimterbäumer diese Aussage: »Dieser Befund ist freilich nicht als Folge eines ›Versagens‹ einzelner Pfarrer oder der Kirche zu bewerten. Er zeigt vielmehr die Konsequenz der Rahmenbedingungen von Kirche in der modernen Gesellschaft.«[312]

Der folgende Befund aus der seit 1966 vom Allensbacher Institut für Demoskopie erstellten Berufsprestige-Skala legt nahe, dass sich dieser Hiatus in letzter Zeit vergrößert. Das Ansehen der Pfarrer sinkt deutlich ab. Rangierten nämlich »Pfarrer/Geistliche« in der Skala bisher regelmäßig auf dem zweiten oder dritten Rang, fielen sie 2011 auf den 7. Platz (von 18 Berufen) zurück. Damit ist ein erheblicher Achtungsverlust in der Bevölkerung verbunden: 1966 gaben noch 49 % der Deutschen

---

312 Alexandra Eimterbäumer, Pfarrer/innen: Außen- und Innenansichten, in: Jan Hermelink/Thorsten Latzel (Hrsg.), Kirche empirisch. Ein Werkbuch zur vierten EKD-Erhebung über Kirchenmitgliedschaft und zu anderen empirischen Studien, Gütersloh 2008, 375–394, 379.

an, vor »Pfarrern/Geistlichen« »besondere Achtung zu haben«,
2011 waren es nur noch 28 %.[313]

Von daher verfehlt die kirchenamtlich angeregte und un-
terstützte Umfrage (s. Kap. VI, 1.1) die für die Gestaltung biblischer Lesungen zentrale Frage nach deren Rezeption durch
die Gemeindeglieder, die nicht berufsmäßig (oder im Ehren-
amt) in ständigem Kontakt zur Bibel stehen. Umgekehrt
macht sie deutlich, dass eine angestrebte grundsätzliche Reform des Perikopenwesens die im Auftrag der Kirche liturgisch Handelnden in besonderer Weise beachten muss, soll
die Reform nicht ins Leere laufen.

2. Konsequenzen für die Gestaltung des Pfarrberufs

Bei der erwähnten didaktischen Umstellung an den öffentlichen Schulen (s. Kap. III, 2.5) wurde der damit für die Lehrer
gegebenen zusätzlichen Belastung schulaufsichtlich keine
bzw. zu geringe Aufmerksamkeit geschenkt. Daraus resul-
tier(t)en Missstimmungen in der Lehrerschaft, die deren in-
trinsische Motivation mindern, an der Reform mitzuwirken.
Um diesen Fehler zu vermeiden, müssen von vornherein die
pastoraltheologischen Konsequenzen meines Vorschlags be-
dacht werden, auf der regionalen Ebene (vor allem) die Pfarrer
mit der Auswahl der Lesungen auch für den sonntäglichen
Gottesdienst zu betrauen. Den zu beachtenden Hintergrund

---

313 Eine gewisse Relativierung erfährt der Befund dadurch, dass die Allensbacher Skala nicht konfessionell differenziert und zum Zeitpunkt der letzten Befragung Sittlichkeitsvergehen von katholischen Priestern breit in
der Öffentlichkeit diskutiert wurden.

dazu bildet der gegenwärtig viel diskutierte Themenbereich des Pfarrberufs und der pastoralen Weiterentwicklung.

2.1 Konkurrierende Pfarrerbilder

Der Beruf des evangelischen Pfarrers grenzte sich ursprünglich vom überkommenen Weihe-Priestertum ab. Durch seine *strikt funktionale Ausrichtung* – auf dem Fundament des in Artikel 7 umrissenen Kirchenverständnisses in Artikel 14 der Confessio Augustana formuliert[314] – ist er offen für aktuelle Neubestimmungen.[315] Zu den beiden grundlegenden, *iure divino* geltenden Aufgaben der Lehre des Evangeliums und der Darreichung der Sakramente traten im Lauf der Zeit *iure humano* neue Tätigkeiten, die teilweise später wieder aufgehoben wurden. Sie reichen von der Kirchenzucht über Seelsorge und Schulaufsicht bis zu standesamtlichen Funktionen. Seit einigen Jahrzehnten münden sie zunehmend in innerkirchliche Verwaltungsaufgaben.

Neuere Umfragen zum Umfang der pastoralen Tätigkeiten[316] ergeben eine – besonders bei Teilzeitbeschäftigung ausgeprägte – zeitliche Überlastung. Danach nehmen heute Verwaltungsaufgaben (einschließlich Gremienarbeit) einen

---

314 In der präziseren lateinischen Fassung: »De ordine ecclesiastico docent, quod nemo debeat in ecclesia publice docere aut sacramenta administrare nisi rite vocatus.« (BSLK 69).

315 S. zum Einzelnen die Typologie bei Volker Drehsen, Vom Amt zur Person: Wandlungen in der Amtsstruktur der protestantischen Volkskirche. Eine Standortbestimmung des Pfarrberufs aus praktisch-theologischer Sicht, in: IJPT 2 (1998), 263–280.

316 S. z. B. Dieter Becker/Karl-Wilhelm Dahm/Friederike Erichsen-Wendt (Hrsg.), Arbeitszeiten im heutigen Pfarrberuf. Empirische Ergebnisse und Analysen zur Gestaltung pastoraler Arbeit (Empirie und Kirchliche Praxis 5), Frankfurt 2009.

erheblichen Anteil der Arbeitskraft der Pfarrer in Anspruch. Eingeleitet wurde diese Entwicklung wohl durch die von Emil Sulze initiierte Gemeindereform, die Kirchengemeinde als Verein organisierte und so das sog. Gemeindeleben schuf.[317]

Mittlerweile ist deutlich, dass diese Entwicklung problematisch ist. Das Profil des Pfarrberufs droht hinter diffusen, wenig spezifischen Tätigkeiten zu verschwimmen. Auch aktuelle praktisch-theologische Vorschläge vermögen nicht zu überzeugen: Die viel Aufsehen erregende These »Der Pfarrer ist anders«[318] führte Manfred Josuttis weiter zu einem pastoraltheologischen Konzept des Pfarrers als »Führer« im mystagogischen Sinn:

> »Der Führer als Mystagoge kennt ... jene Techniken, mit denen man im Bereich des Heiligen arbeiten kann. Zu denken ist an Techniken der Versenkung in der Meditation, Techniken der Sakramente in der Transformation, Techniken der Bewußtseinserweiterung in Trance und Ekstase.«[319]

Es liegt auf der Hand, dass mit diesem Konzept die reformatorische Einsicht in das Priestertum aller Getauften verlassen ist. Henning Luther monierte hellsichtig schon hinsichtlich der These vom Anders-Sein des Pfarrers eine »gefährliche Tendenz zur Anmaßung und Selbstüberschätzung«[320].

---

317 Konzeptionell grundlegend Emil Sulze, Die evangelische Gemeinde, Gotha 1891; s. hierzu Wolfgang Lorenz, Kirchenreform dargestellt am Beispiel Emil Sulzes, Diss. Theol. Berlin 1981.

318 Manfred Josuttis, Der Pfarrer ist anders. Aspekte einer zeitgenössischen Pastoraltheologie, München 1982.

319 Manfred Josuttis, Die Einführung in das Leben. Pastoraltheologie zwischen Phänomenologie und Spiritualität, Gütersloh 1996, 25 f.

320 Henning Luther, Pfarrer und Gemeinde. Protestantische Gedanken zu einem unaufgeklärten Verhältnis, in: EvTh 44 (1984), 26-45, 35.

Der zweite weithin wirksame pastoraltheologische Entwurf, die Professionstheorie von Isolde Karle, vermeidet diese Gefahr. Sie nähert sich dem Pfarrberuf aus soziologischer, genauer: berufstheoretischer Perspektive:

> »Mit dem Begriff der Profession sind in historischer Perspektive zunächst einmal bestimmte akademische Berufe gemeint, die mit der spätmittelalterlich-frühmodernen Gliederung der Universität identisch sind: Mediziner, Juristen und Theologen bilden die klassischen Professionen. Alle Professionen beziehen sich auf zentrale menschliche Fragen und Probleme wie Krankheit, Schuld und Seelenheil.«[321]

Von hieraus profiliert Karle die »Sachthematik« als zentral für das Berufsverständnis. Damit nimmt sie die langjährige Ausbildung der Pfarrer ernst. Doch kann die inhaltliche Bestimmung der »Sache« nicht befriedigen. Denn die von der Bochumer Praktischen Theologin genannte »Verkündigung des Wortes Gottes«[322] verbleibt in einer deduktiven Vorstellungswelt. Sie entspricht zumindest unter den Bedingungen einer pluralistischen Gesellschaft nicht dem kommunikativen Grundcharakter des Evangeliums.

2.2 Theologischer Beruf

Hier setzt mein Reformvorschlag für die Perikopenrevision an. Wenn die Kommunikation des Evangeliums die Sachthematik des pastoralen Berufs ist, tritt die Bedeutung der *Theologie* in ihrer für den Pfarrberuf konstitutiven Funktion hervor: »Die pastorale Tätigkeit soll die Kommunikation des Evangeliums fördern, besitzt aber keinen priesterlichen Eigenwert.«[323] Das Theologiestudium bildet die Pfarrer be-

---

321 Isolde Karle, Der Pfarrberuf als Profession. Eine Berufstheorie der modernen Gesellschaft (PThK 3), Gütersloh 2001, 31.

322 A. a. O., 169.

323 Christian Grethlein, Praktische Theologie, Berlin 2012, 477.

sonders hinsichtlich des Evangeliums als Speichermedium, also der biblischen Texte sowie deren Auslegungsgeschichte und Systematisierung, aus.

Die den Pfarrern zugedachte Rolle bei der Aushebung der biblischen Lesungen nimmt also das fachliche Spezifikum des evangelischen Pfarrberufs auf, in dem er sich von den ebenfalls als »Priestern« fungierenden anderen Getauften abhebt:

> »Die christliche Gemeinde ist nach reformatorischer Einsicht eine ›Interpretationsgemeinschaft‹, deren Ziel die Kommunikation des Evangeliums ist. Alle Getauften haben daran im Sinne des Übertragungsmediums ›Evangelium‹ Anteil ... Doch erfordert diese Interpretation den Rückgriff auf das Speichermedium ›Evangelium‹. Die Bearbeitung der damit gegebenen historischen und systematischen Aufgaben erfordert unter den Bedingungen gegenwärtiger Wissenschaftskultur theologische Urteilsfähigkeit. Deren Erwerb und Weiterentwicklung ist Aufgabe der Pfarrer/innen.«[324]

Diese Aufgabe setzt sowohl ein vertieftes kontinuierliches Bibelstudium als auch eine wache Zeitgenossenschaft voraus. Die Einzelnen werden damit überfordert sein. Aber gemeinschaftlich, etwa auf Kirchenkreis- bzw. Dekanatsebene, kann die Arbeit daran zu einer gegenseitigen Bereicherung und theologischen Qualitätssteigerung führen. Dabei ist allerdings vorausgesetzt, dass die Pfarrer in engem Kontakt zu den Menschen ihrer Umgebung stehen und deren Sorgen und Hoffnungen in ihrer theologischen Arbeit aufnehmen.

Eine angemessene Erfüllung dieser Aufgabe im Bereich der gottesdienstlichen Schriftlesungen erfordert ein entschiedenes Vorantreiben der *Reform des Pfarrberufs*. Vor allem die Entlastung von Verwaltungstätigkeiten, deren Erledigung durch theologisches Wissen nicht gefördert wird, kann den Pfarrern Freiräume schaffen. In manchen Landes-

---

324 A. a. O., 478.

kirchen werden, oft durch die Pfarrervertretungen angeregt
und unterstützt, entsprechende Überlegungen angestellt.
Besondere Beachtung verdienen dabei die mit den Stichwor-
ten »Junge Alte« und »Freiwilligenarbeit« gegebenen Impulse.[325] Sie schließen kirchliche Reformarbeit in produktiver
Weise direkt an allgemeingesellschaftliche Entwicklungen an
und eröffnen konkrete Wege zur Entlastung der Pfarrer und
Pfarrerinnen im Bereich der Verwaltung.

Die vorgeschlagene Veränderung des Verfahrens bei der
Auswahl biblischer Texte für den sonntäglichen Gottesdienst
fördert also – projektbezogen – die anstehende theologische
Profilierung des Pfarrberufs und ist nur in diesem Zusammenhang zu realisieren.

3. Konsequenzen für die Gestaltung des Kirchenjahrs

Durch die Regionalisierung der Perikopenwahl sollen die biblischen Lesungen lebensnäher gestaltet und zugleich die
theologische Kompetenz der Pfarrer vor Ort gesteigert werden. Dabei kommt dem Kirchenjahr eine wichtige einheits-
stiftende Funktion zu. Um sie praktisch wirksam werden zu
lassen, ist intensive praktisch-theologische Arbeit notwendig.

Denn das Kirchenjahr steht nicht einfach fest. Es ist
Veränderungen und Transformationen unterworfen, die zu
beachten sind, wenn Lebensnähe und nicht bloße Traditions-
repetition angestrebt wird. In diesem Zusammenhang ver-

---

325 S. z. B. die sehr ermutigenden Ergebnisse von: Bundesministerium für
   Familie, Senioren, Frauen und Jugend (Hg.), Hauptbericht des Freiwilli-
   gensurveys 2009. Zivilgesellschaft, soziales Kapital und freiwilliges Engagement 1999 – 2004 – 2009, München 2010.

dient der Entwurf Kristian Fechtners zur Neustrukturierung des Kirchenjahrs Beachtung. Denn er entwickelt das offizielle Kirchenjahr durch Beobachtungen zum tatsächlich gelebten Kirchenjahr weiter.

3.1 Veränderungen im Kirchenjahr

Unser heutiges Kirchenjahr – der Begriff begegnet erst ab dem 16. Jahrhundert – entstand in einem komplizierten und regional unterschiedlich verlaufenden Prozess, dessen Dynamik bis heute anhält.

Seit dem 3./4. Jahrhundert bildeten sich ausgedehnte Festkreise aus, zuerst um Ostern, etwas später um Weihnachten (s. Kap. II, 1.3). Dabei kam der Taufe eine wichtige Rolle zu. Denn diese bestimmte das Gemeindeleben in den ersten Jahrhunderten in hohem Maß. Die (meist) festen Tauftermine (vor allem Ostern und Epiphanias) strukturierten das Jahr. Zur Vorbereitung auf die Taufen dienten Fastenzeiten, die später zur Passions- bzw. Adventszeit transformiert wurden. Deren Verselbstständigung von der Taufe ist ein für die Entwicklung des Kirchenjahrs typischer Prozess. Einer bestimmten Zeit wird bei veränderten Umständen – hier das Allgemeinwerden der Säuglingstaufe und damit die Abkehr von festen Tauftermine – eine neue Bedeutung zugeschrieben.

Solche Transformationen vollziehen sich auch gegenwärtig. Eine Projektgruppe der Liturgischen Konferenz, an der Fechtner mitwirkte, stellt exemplarisch für die Gegenwart *fünf Veränderungen bei der gottesdienstlichen Feier des Kirchenjahrs* zusammen:

> »(1) Die Osternachtfeier ist in den vergangenen Jahren in vielen evangelischen Gemeinden neu gestaltet und als liturgisches Ereignis gestärkt worden. Sie zeugt davon, dass sich das Erbe der Kirchenjahrstradition im gottesdienstlichen Leben neu erschließen kann. ...

(2) Auf der anderen Seite sind Traditionsabbrüche zu konstatieren bis dahin, dass Feiertage des Kirchenjahres, man denke an den Buß- und Bettag, gesellschaftlich preisgegeben werden und selbst binnenkirchlich an Boden verlieren. In diesen Zusammenhang gehört auch, dass die gottesdienstliche Kultur der zweiten Feiertage erodiert. ...

(3) Gleichzeitig kommt es zu neuen Gestaltungen besonderer Gottesdienste, in denen Elemente gegenwärtiger (religiöser) Popularkultur aufgenommen werden oder der Gottesdienst zu ihnen ins Verhältnis gesetzt wird. Ein Gottesdienst zu Halloween am Reformationstag etwa oder auch ein Gottesdienst am Valentinstag sind auf evangelischer Seite unterschiedlich bewertete Akte liturgischer Neuschöpfung.

(4) Die genannten Tendenzen vollziehen sich auf dem Hintergrund, dass zentrale Festzeiten des Kirchenjahres bis heute prägende Kraft haben, gottesdienstlich begangen werden und lebensweltlich fest verankert sind. ...

(5) Innerhalb der kirchlichen Praxis sind in den letzten Jahrzehnten verstärkt einzelne Sonntage thematisch neu belegt worden und besondere gottesdienstliche Ereignisse haben einen festen Ort im liturgischen Jahreskreis gewonnen. Dies reicht vom Tag für Menschenrechte bis zum Weltgebetstag (der Frauen).«[326]

Eine an der Orientierung der Menschen interessierte und damit lebensweltlich zu verantwortende Arbeit an den Perikopen hat solche Veränderungen zu beachten.

3.2 Weiterentwicklung des Kirchenjahrs

Kristian Fechtner schlägt unter Bezug auf solche und andere Entwicklungen ein »Vier-Felder-Schema« vor, um differenzierter und lebensweltnäher als im traditionell am Weihnachts- und Osterfestkreis orientierten Konzept das Kirchenjahr zu erfassen: »Weihnachten – Ostern – Pfingsten – Späte Zeit des Kirchenjahres«.[327] Ein Kriterium für diese Erweite-

---

326 Liturgische Konferenz, Kirchenjahr erneuern. Gottesdienstliche Praxis im Rhythmus des Jahreskreises, in: PrTh 41 (2006), 48–58, 51 f.

rung der herkömmlichen Struktur ist Fechtners lebensweltliche Beobachtung, dass hier andere Themen die Menschen bewegen. So kommt er zu folgenden Charakterisierungen der vier Zeiten:

- »Anfänglich leben: Weihnachtsfestkreis Advent – Weihnachten – Jahreswechsel«[328];
- »Aus dem Tod heraus: Osterfestkreis Karneval – Passion – Ostern«[329];
- »Aufbruch ins Leben: Pfingstliche Zeit Himmelfahrt – Pfingsten – Urlaub«[330];
- »Im Glauben reifen: Späte Zeit des Kirchenjahres Erntedank – Reformationsfest – Halloween – Buß- und Bettag – Totensonntag.«[331]

Dabei leitet den Mainzer Praktischen Theologen auch die für unsere Breitengrade typische Korrespondenz zwischen Kirchenjahr und Wechsel der Jahreszeiten:

»So vollzieht sich im Osterkreis der Übergang vom Winter ins Frühjahr, Pfingsten markiert die Schwelle des Frühsommers, in der späten Zeit des Kirchenjahres kennzeichnet Erntedank den Überschritt in den Herbst, die letzten Sonntage des Kirchenjahres liegen an der Schwelle zum Winter, mit Weihnachten schließlich erfolgt der Umbruch zu den wieder länger werdenden Tagen.«[332]

Beide Zeitrhythmen sind durch Übergänge gekennzeichnet, die eine Dynamik entfalten.

Für die Aufgabe der Auswahl von biblischen Texten bietet Fechtners Vorschlag den großen Vorteil, dass er neuere Entwicklungen und damit das tatsächlich gelebte Kirchenjahr

---

327 Kristian Fechtner, Im Rhythmus des Kirchenjahres. Vom Sinn der Feste und Zeiten, Gütersloh 2007, 58.
328 A. a. O., 61.
329 A. a. O., 91.
330 A. a. O., 111.
331 A. a. O., 125.
332 A. a. O., 59.

berücksichtigt. Für die Lebensgestaltung wichtige Zeiten wie der Urlaub sind in das Schema integriert und orientieren die Textwahl. Dazu enthält es ausdrücklich Freiräume, die in regionaler bzw. lokaler Hinsicht zu profilieren sind.

Schließlich setzt dieser Entwurf keine (unrealistische) kontinuierliche Teilnahme am Sonntagsgottesdienst voraus. Vielmehr bietet er jahreszeitlich und damit an die Lebenswelt anschließend Markierungen an, mit denen sich jeweils eine eigene Auseinandersetzung lohnt.

4. Konkrete Vorschläge

Mein Vorschlag, die Auswahl sowie die Zahl, Länge und Sprache der biblischen Texte von zentralen Festlegungen auf die gemeinsame pastorale Verantwortung vor Ort umzustellen, steht der eingangs skizzierten Arbeit an der Perikopenrevision entgegen. Soll er umgesetzt werden – womit auch eine theologische Stärkung der Pfarrerschaft angestrebt wird –, legen sich einige Schritte nahe:

4.1 Moratorium

Wenn das im 1. Kapitel umrissene Verständnis der Bibel sowie die im 3. Kapitel skizzierte Analyse der gegenwärtigen Situation zutreffen, sollten die laufenden Arbeiten an der Perikopenrevision umgehend unterbrochen werden. Angesichts der in Kapitel VI, 1.1 skizzierten Befunde zur Einstellung der Pfarrer, Lektoren und Kirchenmusiker besteht für sie kein dringender Handlungsbedarf. Eine Unterbrechung der Arbeit würden wahrscheinlich nur wenige bemerken.

Die dadurch gewonnene Zeit und die frei werdenden Mittel sollten konstruktiv zur Vorbereitung der Umstellung auf

einen auch kommunikativ verantworteten Modus gottesdienstlicher Lesungen verwendet werden.

4.2 Empirische Forschung

Durch die Konzentration auf die kirchlich mit der Gottesdienstgestaltung Beauftragten verfehlt die (in Kap. VI, 1.1) genannte Umfrage die Klärung vordringlicher Fragen, vor allem: *Welche Hör- und Aufnahmefähigkeit haben verschiedene
Personen(gruppen) für die Lesung biblischer Texte?*

Dabei sollten auf jeden Fall Konfirmanden, Eltern von
jüngeren Kindern, auch Alleinerziehende, beruflich sehr Be-
lastete und seit Längerem Erwerbslose sowie ältere Menschen, auch solche mit zumindest leichter Demenz, befragt
und eventuell getestet werden.

Vermutlich werden die Ergebnisse die Problematik der
heute üblichen Zahl gottesdienstlicher Lesungen und deren
Länge zeigen. Die Einsicht in die Tatsache, dass in evangelischen Gottesdiensten sowieso an zentralen Stellen biblische
Texte präsent und teilweise performativ eingesetzt werden,
verhindert die theologische Überforderung der gottesdienstlichen Schriftlesungen. In manchen Gemeinden und Situationen wird zu überlegen sein, ob die biblischen Texte nicht
in Leichte Sprache überführt werden sollten und so ihre Rezeption erleichtert wird. Pointiert formuliert: Auch Menschen
mit geringen kognitiven Fähigkeiten haben ein Anrecht darauf, in einem evangelischen Gottesdienst die biblische Lesung
zu verstehen.

Ein besonderes Augenmerk sollte bei einer solchen empirischen Untersuchung auf die direkte Interaktion zwischen
Lektor und Zuhörenden gerichtet werden. Gibt es z. B. Differenzen bei Aufnahme und Verstehen, die mit der Intensität
der Vorbereitung des Lesenden zusammenhängen?

4.3 Ausbildung von Lektoren

Wenn – wie der kulturelle Vergleich nahelegt (s. Kap. V, 3.) – die biblische Lesung im Gottesdienst kommunikativ primär durch ihren personalen Charakter gekennzeichnet ist, sind eigene Bildungsmöglichkeiten für Lektoren zu schaffen. Dabei geht es erst sekundär um konkrete Vortragstechniken. Vielmehr sind Räume zu eröffnen, um allein und gemeinsam mit Anderen dem *Orientierungspotenzial biblischer Texte für das gegenwärtige Leben* auf die Spur zu kommen und ihre Relevanz für sich persönlich zu entdecken.

Dabei wird die Kooperation von Experten für Gottesdienst und Erwachsenenbildung wichtig sein. Dass damit auch eine sonst hinderliche Versäulung dieser beiden zentralen kirchlichen Handlungsfelder aufgebrochen wird, ist eine nicht gering zu schätzende Nebenwirkung meines Reformvorschlags.

4.4 Kirchenjahr

Eine wichtige Voraussetzung für die Auswahl der Schriftlesungen – wie auch anderer liturgischer Elemente – bildet das Kirchenjahr. Dessen liturgisch elaborierte kirchenamtliche Form, wie sie in dem von der Liturgischen Konferenz jährlich herausgegebenen Evangelischen Sonn- und Feiertagskalender vorliegt, ist nur teilweise an die gegenwärtigen Lebensrhythmen anschlussfähig.

Einen interessanten Neuansatz bietet das erwähnte »Elementare Kirchenjahr«, wie es die Liturgische Konferenz vorlegte (s. Kap. V, 1.1). Dieser Vorschlag bezieht sich auf den Monatsrhythmus und entspricht eher der Kirchgangsfrequenz der meisten Evangelischen als der Wochenrhythmus. Eine zweite wichtige Vorstudie stellt das Vier-Felder-Schema Kristian Fechtners dar, u. a. weil es an den Zeitrhythmus heutiger Gesellschaft anschließt (s. Kap. VI, 3.2).

Es wird ein wichtiger Schritt bei der Arbeit an den gottesdienstlichen Lesungen sein, auf der Basis dieser Vorschläge sowie der bisherigen Ordnung das Jahr so zu konturieren, dass den Menschen bei ihrer *Orientierung in der Zeit* eine Hilfe gegeben wird. Dabei legt es sich – wegen der liturgischen Partizipation der Mehrheit evangelischer Christen in Deutschland – nahe, über zeitliche Schwerpunkte bei den Kasualien und deren Rückbezug auf den sonntäglichen Gottesdienst nachzudenken.

4.5 Erprobungskirchenkreise

Schließlich sollte das Moratorium genutzt werden, um in Erprobungskirchenkreisen/-dekanaten über einige Jahre die Auswahl der biblischen Texte in die Hand der dortigen Pfarrerschaft zu legen. Es werden dazu genaue Organisationsmodelle überlegt, erprobt und evaluiert werden müssen. Vor allem drei Fragen sind zu klären:

– Es ist zu überlegen, in welcher Gruppe und in welchem organisatorischen Modus die konkrete Arbeit an den biblischen Lesungen am besten geleistet wird. Reicht ein nur aus Pfarrern bestehender Arbeitskreis des Pfarrkonvents? Sollen – eventuell nur punktuell – andere Personen hinzugezogen werden: Kirchenmusiker, Diakone, Religionslehrer, Gemeindepädagogen und im öffentlichen Leben Verantwortung Tragende? Dabei dürfte es hilfreich sein, an bestimmte, vor Ort bereits bestehende Kontakte und Arbeitsformen anzuknüpfen. Auf jeden Fall ist zu klären, inwieweit die beteiligten kirchlichen Mitarbeiter von sonstigen Aufgaben entlastet werden.

– Zentrale Bedeutung hat in diesem Modell – wie erwähnt – die *Person der Lesenden*. Von daher legt es sich nahe, die angeregte Ausbildung von Lektoren in den Erprobungskirchenkreisen zu entwickeln.

– Angesichts der praktischen Bedeutung der Lektionen für die Homiletik ist der Predigtvorbereitung besondere Aufmerksamkeit zu schenken. Denn bei situationsbezogener Textwahl kann nicht mehr problemlos auf die übliche Predigtvorbereitungsliteratur zurückgegriffen werden. Allerdings bieten die zahlreichen Predigtforen im Internet gute Möglichkeiten für Kompensation. Wegen deren unterschiedlicher Qualität könnte es sich in der Anfangsphase empfehlen, dass ein Mitglied des Arbeitskreises »Biblische Lesungen« entsprechende Dokumente durchsieht und die qualitativ besten im Netz zugänglich macht.

4.6 Ausblick

Schon diese wenigen Vorschläge zeigen, dass die angeregte Reform einen langen Atem benötigt. Die Profilierung des Pfarrberufs, die Balance zwischen überkommenem und gelebtem Kirchenjahr sowie grundsätzlich der Zugang zu den biblischen Texten markieren wichtige Herausforderungen, die die Arbeit an den Perikopen unweigerlich begleiten. *Es geht um einen aus der Grundlage evangelischer Kirche gewonnenen theologischen Beitrag zu ihrer Reform.*[333]

Daraus ergeben sich u. a. neue Impulse für die theologische Ausbildung.[334] Die traditionelle Unterscheidung zwischen historischen und systematischen (und empirischen) Disziplinen erweist sich für die skizzierte neue Aufgabe der Pfarrer als dysfunktional. In den USA liegen Vorschläge für

---

333 Damit steht dieser Vorschlag im Gegensatz zu den meisten anderen gegenwärtigen Reformvorschlägen, die von Problemen der Finanzierung und/oder Organisation ausgehen.

334 Es ist zu erwarten, dass sich je nach konkreter Erprobung für die Ausbildung anderer kirchlicher Berufe ähnliche Konsequenzen ergeben.

eine Strukturierung des Theologiestudiums vor, die in diesem Zusammenhang Interesse verdienen.[335]

Dazu tritt die Notwendigkeit, die konkrete Rezeption vorgelesener biblischer Texte durch die verschiedenen Menschen ernst zu nehmen und als Grundlage für die Zahl, Länge, Auswahl und Sprache von Schriftlesungen zu berücksichtigen.

Auf jeden Fall geht es bei den gottesdienstlichen Lesungen um das spirituelle Fundament evangelischer Kirche. Es lohnt sich, dafür Kräfte zu mobilisieren.

Zugespitzt formuliert: Bei den Schriftlesungen steht die Existenzberechtigung evangelischer Kirche auf dem Spiel. Nach reformatorischer Einsicht hat Kirche keinen Eigenzweck, sondern dient ausschließlich dazu, die Kommunikation des Evangeliums zu fördern. Den biblischen Lesungen in den evangelischen Gottesdiensten kommt in diesem Zusammenhang hervorragende Bedeutung zu. Sie zeigen nämlich – um die eingangs zitierte Einsicht von Peter Bloth zu wiederholen –, »wie es in der Christenheit um die Bibel bestellt ist«[336].

---

335 S. z. B. den Aufbau und die Argumentation bei Don Browning, A Fundamental Practical Theology. Descriptive and Strategic Proposals, Minneapolis 1996 (1991), und diesen Ansatz weiterführend Richard Osmer, Practical Theology. An Introduction, Grand Rapids 2008, 219–241.

336 Peter Bloth, Die Perikopen, in: Hans-Christoph Schmidt-Lauber/Michael Meyer-Blanck/Karl-Heinrich Bieritz (Hrsg,), Handbuch der Liturgik, Göttingen ³2003, 720–730, 729.

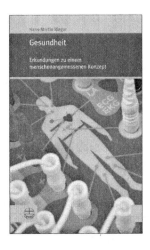

Hartmut von Sass (Hrsg.)

Wahrhaft Neues

Zu einer Grundfigur
christlichen Glaubens

*Forum Theologische
Literaturzeitung (ThLZ.F) | 28*

240 Seiten | Paperback
ISBN 978-3-374-03150-4
EUR 19,80 [D]

Zwar soll es nichts mehr Neues unter der Sonne geben, wie der Prediger Salomo beklagte, doch die Bibel spricht an prominenten Stellen sehr wohl vom Unverhofften, Überraschenden, noch nie Dagewesenen. Ein »neues Jerusalem«, gar eine »neue Schöpfung«, ein »neuer Bund« oder schlicht »das Neue« sind ganz traditionelle Figuren der Schrift – und der Theologie. Doch Neues wird alt. Daher ist vom »wahrhaft Neuen«, vom Neuen, das nicht und nie vergeht, gesprochen worden. Wie aber ist diese Figur zu denken, um nicht selbstwidersprüchlich zu wirken? Wie verhalten sich dann alt und neu zueinander? Wie steht Neues zur religiösen Praxis, die auf Reproduktion angelegt ist? Ist die Rede vom »wahrhaft Neuen« nicht doch eine Illusion?

EVANGELISCHE VERLAGSANSTALT
Leipzig www.eva-leipzig.de

Tel +49 (0) 341/ 7 11 41 -16   vertrieb@eva-leipzig.de